一人ひとりを幸せにする

支援と配慮のマネジメント

大久保幸夫
皆月みゆき

nbb
日経ビジネス人文庫

文庫版まえがき

管理職になるべきか迷っています——

女性リーダー候補を集めた研修会で必ず出てくる相談だ。仕事と育児との両立はできるのか。専門職になるほうが好きな仕事を続けられるのではないか。そもそもリーダーシップを発揮してきたとは言えない自分に管理職が務まるのか。多くの女性が管理職昇進という分岐点で立ち止まり、迷う。

このようなときに私はいつも、管理職の仕事、つまりマネジメントの役割について詳しく説明することにしている。そのうえでキャリアの選択肢として管理職になる道とならない道のプラスとマイナスを丁寧に。そうするとたいていの場合、「前向きに考えてみることにします」という返事を聞くことができる。

私は管理職になる道を推奨しようと思っているわけではない。できる限りフラットに、意思決定に必要な情報を提供しようとするだけだ。それでも「前向きに」ということになるのは、マネジメントという仕事が、そしてその先に見えるキャリアが、魅力的だからではないだろうか。

長い年月、マネジメントの仕事は「管理」だった。勤怠管理、予算管理、人事管理、リスク管理…。それならばわくわくするようなものではないと思う。中間管理職として部下と上司の間で右往左往する。自分の仕事を抱えながら部下の面倒も見るため、超過勤務が多くなる。いつも業績のプレッシャーを受けている。そのような、これまでの管理職を見ていると、やりたくないと思う人が多くても当然だと思う。

しかし、マネジメントの仕事は変化した。従来の管理業務は専門部署やテクノロジーにとって代わられ、他者を通じて業績を上げるという本来の役割にあわせた「支援と配慮のマネジメント」を提供する仕事になった。具体的には以下の4つがあげられる。

- 多様なメンバー一人ひとりの個性や強みなどに関心を持つ（関心）
- メンバー同士が相互に助け合い、補い合えるようにチームをつくる（補完）
- 権限を委譲して、見守り、必要があれば側面から支援する（支援）
- 働きやすく、無駄がないように環境を整備する（環境）

これらの行動の結果、業績が上がり、人材育成が進み、モチベーションが上がり、効率も上がるのである。これならばぜひやってみたいと思える仕事なのではないだろうか。

もちろん女性管理職に限定した話ではない。すべての管理職にマネジメント改革の波は押し寄せている。

変化は働き方改革とダーバーシティ経営、そしてコロナ禍で大きく進み、そのプロセスで新しいマネジメントスキルをマスターさせるべく、各企業で、また官公庁でもマネジメント研修が活発に行われるようになった。

本書は働き方改革全盛期に上梓したものだが、働き方改革を起点に、ダイバーシティ&インクルージョンが進み、マネジメント改革へと進んでいくという見通しはその通りに進みつつある（コロナ禍は想定外だったが）。

多くの読者から、「マネジメントに興味が湧いた」「ジョブアサインメントを勉強したい」「部下ときちんと向き合おうと思った」というようなうれしいコメントをいただいている。

これからさらに管理のマネジメントから、支援と配慮のマネジメントへの進化は続くであろう。現在はその変革の真っ盛りである。

2023年4月

著者を代表して
大久保幸夫

はじめに――新しいマネジメントをともに考える

働き方改革という荒波に今、私たちは飲み込まれている。けっして新しい言葉ではない。これまでに幾度ともなく「働き方が変わる」ということは言われてきた。しかし、これほどの大波となって職場が変化しようとしている経験はなかったはずである。

私たちはこれまで様々な経験を積んできた。改めて研修などの場でマネジメントの学習をしなくても、上司や先輩の行動を観察して再現することで事は足りていた。しかし今度ばかりは少々趣が違うようである。

ほんの少し前までは、夜遅くまで頑張って仕事をすることは美徳であったはずだ。上司は「頑張ってるな」と声をかけて先に帰っていったものだ。若いときにはとことん仕事をすることで一人前になるのだということは常識だったはずだ。

それがどうだろう。まばたきをしている間に、浦島太郎のように風景が一変してしまった。

夜遅くまで仕事と格闘していると、上司は「まだ終わらないのか」と眉をひそめて先に帰るようになった。若い後輩にOJTで試行錯誤させていると「はじめから教えてほしい」と文句を言ってくるようになった。

変化は足元までやってきている。

有期雇用契約で働く部下をマネジメントした経験があるマネジャーの割合は70・5%

育児と仕事を両立する部下をマネジメントした経験があるマネジャーの割合は55・8%

親の介護を抱えた部下をマネジメントした経験があるマネジャーの割合は28・5%

外国人の部下をマネジメントした経験があるマネジャーの割合は16・5%

メンタルに課題を抱えている部下をマネジメントした経験があるマネジャーの割合は48・8%

60歳以上の部下をマネジメントした経験があるマネジャーの割合は48・9%

障がい者の部下をマネジメントした経験があるマネジャーの割合は18・8%

発達障がいと診断された部下をマネジメントした経験があるマネジャーの割合は

8・1%

(「マネジメント行動に関する調査」2017年　リクルートワークス研究所)

誰もが試行錯誤しながらマネジメントをしているのである。

新卒一括採用で、終身雇用であれば、「まあ、悪いようにはしないから」でなんとか収まったことも、有期雇用や派遣には通用しない。

残業をして欲しい、と言っても育児と両立しているママは子供を迎えに行かなければならないし、夜に副業を持っている部下は「別の仕事があるので」と帰ってしまう。

ハードマネジメントをすれば、パワハラと言われ、うつになったと批判される。

リスクマネジメントだ、コンプライアンスだ、メンタルヘルスだ、とかつてはマネジャーの仕事ではなかったことがすべて現場の中間管理職に降りかかってきている。

明らかに職場は「新しいマネジメント」を求めている。そのことに多くのマネジャーはすでに気づいているが、残念ながら誰も教えてくれない。いや、誰も教えられるほどのノウハウは持っていない。

本書の目的は、働き方改革の時代の新しいマネジメントを読者とともに考えることにある。

著者の大久保は、長年人事やキャリアについて研究してきて、マネジメントや人材育成に関する著書もあり、特にこの数年は働き方改革やダイバーシティ経営に深く関与している。

もうひとりの著者の皆月は、社会福祉士として相談・援助の専門スキルを磨き、現在は産業ソーシャルワーカーとして、企業内でワークライフに関する悩みを抱える従業員の相談にのり、マネジャーを支援する仕事をしている。

結論が見えているというわけではないが、働き方改革に伴うマネジメントの変化については、多くの情報を持っているので、読者に情報提供するとともに、明日から行動してみるための第一歩を提案できるのではないかと思う。

大波となった働き方改革が、働く人々を幸せにして、企業にも生産性向上という成果をもたらせるかどうか、それは現場のマネジメントにかかっている。

本書を通じて、一緒に考えてみたい。

本書のうち、第1章から第5章までは大久保が担当し、第6章から第9章までは皆月が担当している。

二人の著書のそれぞれの視点を楽しんでいただければと思う。

なお、本書の執筆にあたり、多くの方々にご支援をいただいた。

リクルートワークス研究所の森千恵子さんには図表の作成をお手伝いいただき、皆月が代表を務める武蔵野ソーシャルワーカーズの藤井圭子さん、黒木裕子さん、中村美之さん、本村隆浩さん、佐藤文さん、馬場由美子さんと、リクルートホールディングスの二葉美智子さんには、育児、介護、障がいなど各自が専門とする分野からの情報を提供していただいた。

この場をお借りしてお礼を申し上げたい。

２０１７年秋

大久保幸夫
皆月みゆき

※事例等はすべて、これまで受けた相談をヒントに著者が創作した内容を掲載している。

目次

第8章　さらなる多様化に向き合う　273

第9章　ひとりで抱え込まない　319

第1章

働き方改革の始動

働き方改革は第2次安倍内閣が発信した政治課題であった。
2016年8月3日、内閣改造にあたっての記者会見で、安倍晋三内閣総理大臣は次のように説明していた。

最大のチャレンジは、「働き方改革」であります。長時間労働を是正します。同一労働同一賃金を実現し、「非正規」という言葉をこの国から一掃します。最低賃金の引上げ、高齢者への就労機会の提供など、課題は山積しています。今回新たに働き方改革担当大臣を設け、加藤一億総活躍大臣にその重責を担っていただきます。加藤大臣のもと、「働き方改革実現会議」を開催し、塩崎厚労大臣と緊密に連携しながら、年度内を目途に「働き方改革」の具体的な実行計画を取りまとめてもらいます。そして、スピード感をもって実行していく考えであります。

そして2016年9月から合計10回に及ぶ働き方改革実現会議が開催され、2017年3月28日、働き方改革実行計画が公開された。
以下の項目にわたる施策が発表されている。

- 同一労働同一賃金など非正規雇用の処遇改善
- 賃金引上げと労働生産性向上
- 罰則付き時間外労働の上限規制の導入など長時間労働の是正
- 柔軟な働き方がしやすい環境整備
- 女性・若者の人材育成など活躍しやすい環境整備
- 病気の治療と仕事の両立
- 子育て・介護等と仕事の両立、障がい者の就労
- 雇用吸収力、付加価値の高い産業への転職・再就職支援
- 誰にでもチャンスがある教育環境の整備
- 高齢者の就業促進
- 外国人材の受入れ

これから先、法改正も含めてそれぞれが形になって動き出そうとしている。

働き方改革とは何か。「働き方改革は、社会問題であるとともに、経済問題であり、日本経済の潜在成長力の底上げにもつながる、第三の矢・構造改革の柱となる改革である」（働き方改革実行計画）というが、言葉だけが独り歩きしていて、全体像は未

だつかみにくい。

まず第1章では、働き方改革を俯瞰的に見ることができるように、私なりの整理で全体像に迫ることに挑戦したい。

5つの源流がひとつになり「働き方改革」へ

雇用・労働政策のなかで、これほど大きな政治課題となったテーマはかつてない。働き方改革に取り組んでいないという上場企業にお目にかかったことがないくらい、企業経営に大きな影響を与えている。

いまや人事部門のみに収まる取り組みではなく、すべての部門にまたがる、そしてすべての従業員にかかわる一大経営改革となろうとしている。

働き方改革がこれほど大きなテーマとなったのには理由がある。

それはこれまでに積みあがってきた多様な社会課題が、「働き方改革」というひとつのテーマに統合されていったからである。

図1に示すように、5つの源流が集まり大河になっている。

図1 ● 働き方改革の流れ

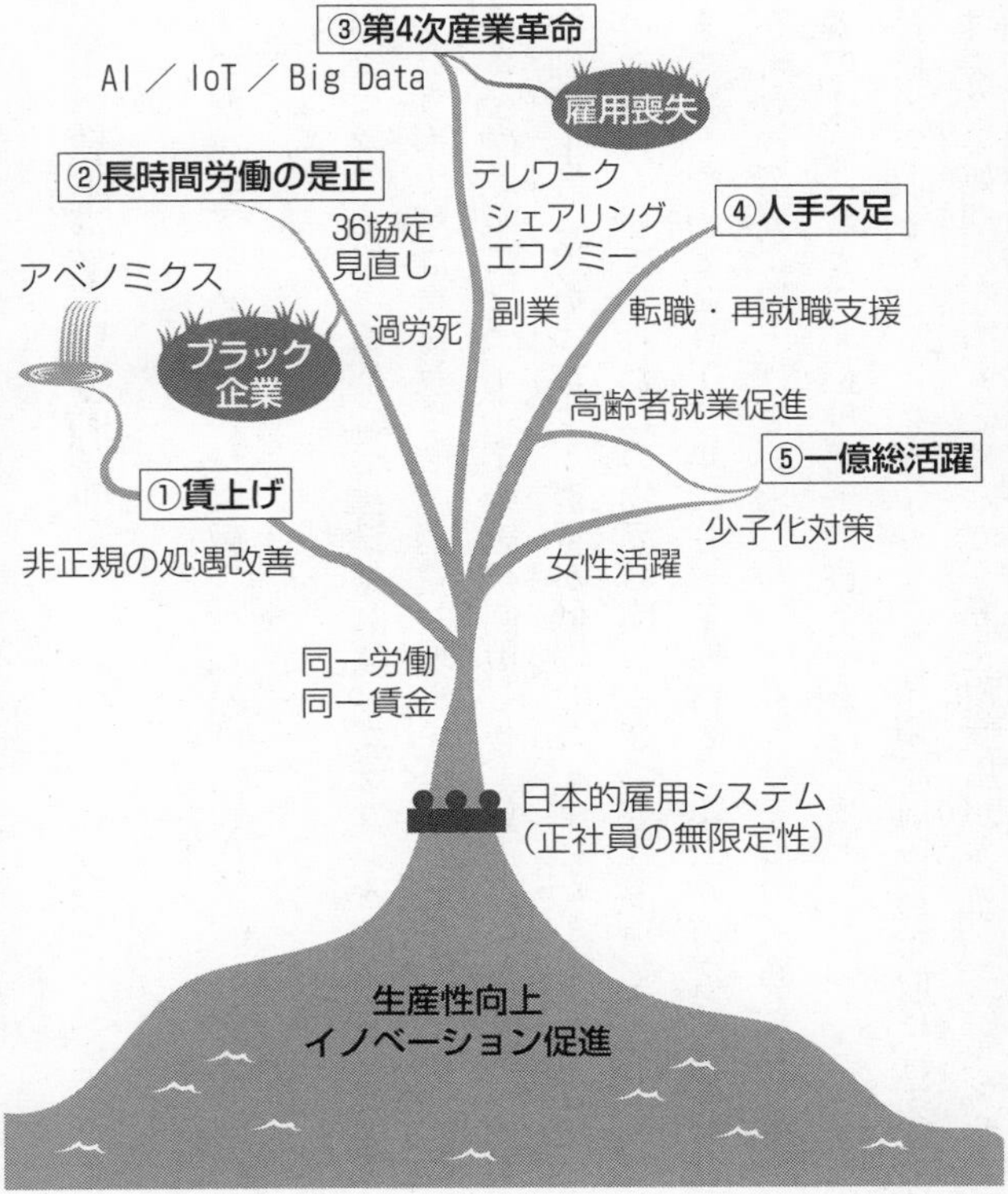
③第4次産業革命
AI ／ IoT ／ Big Data
雇用喪失
②長時間労働の是正
テレワーク
36協定
見直し
シェアリング
エコノミー
④人手不足
アベノミクス
過労死
副業
転職・再就職支援
ブラック
企業
高齢者就業促進
⑤一億総活躍
①賃上げ
少子化対策
非正規の処遇改善
女性活躍
同一労働
同一賃金
日本的雇用システム
（正社員の無限定性）
生産性向上
イノベーション促進

出所：筆者作成

1　賃上げという源流

第1の源流はアベノミクスに象徴される経済活性化策、つまり賃上げという課題である。

アベノミクスとは、大胆な金融政策によってデフレを脱却し、企業業績の向上を賃上げという形で家計に波及させ、消費を増やすという経済政策だ。

確かに金融政策によって企業業績は回復して、賃上げにも一定の効果はあったものの、物価の上昇に追いつかず、消費が低迷したままになっていた。受け取った賃金が実際の社会においてどれだけの物品の購入に充てられるかを示す実質賃金は、マイナスのままで、やっと2016年に0・7％増と5年ぶりのプラスに転じている。

引き続き経済界に賃上げを要求しつつ、もうひとつの道筋として目を付けたのが全雇用者の4割におよぶ非正規雇用の賃金である。

正社員の年収とパートタイマーなどの非正規労働者の年収には大きな乖離がある。これは男女の処遇格差のもとになり、非正規雇用が多いシングルマザーや単身女性の貧困問題にも直結している。

同一労働同一賃金

同一労働同一賃金は欧州などで推進されてきたもので、労働時間の長さや職務の違いによって説明できない不合理な要素を改善しようという施策である。しかし日本では職務が明確でないために施策として馴染みにくいと考えられてきた。その結果同一価値労働同一賃金という「理念」だけが存在し、現実の問題は何も解決しないままに長く放置されてきた。

今回、ガイドラインの作成によって第一歩を踏み出そうとしている。

○基本給について、労働者の職務や職業能力、勤続年数などの実態に違いがなければ同一の、違いがあれば違いに応じた賃金の支給をすること

○ボーナスや役職手当、通勤手当といった各種手当について、労働者の勤務等の実態に違いがなければ同一の、違いがあれば違いに応じた支給をすること

○食堂、休憩室、更衣室といった福利厚生施設の利用や慶弔休暇、健康診断に伴う勤務免除・有給保障について、同一の利用・付与をすること

○教育訓練について、同一の職務内容であれば同一の、違いがあれば違いに応じた実施をすること
○派遣元事業者は派遣労働者に対し、派遣先の労働者と職務実態が同一であれば同一の、違いがあれば違いに応じた賃金の支給、福利厚生、教育訓練の実施をすること

これらの方針に従って、パートタイム労働法、労働契約法、労働者派遣法などが改正される予定になっている。

最低賃金の引き上げ

また最低賃金の引き上げも賃上げ対策の大きな柱である。安倍総理は毎年3％程度の引き上げにより、全国加重平均で最低時給1000円を目指すと表明してきた。2017年は全国平均で25円の引き上げを決めたが、これは過去最高の引き上げ額である。これによって全国平均は823円から848円へとなっている。東京都は26円引き上げで958円になり、このペースでいけば2019年には全国のトップを切って最低賃金が1000円台に乗ることになる。

2 長時間労働の是正という源流

第2は長時間労働の是正という課題である。

日本は欧米諸国と比べても労働時間が長い。1人当たり平均年間総実労働時間は、1990年の2031時間から2015年は1719時間（「データブック国際労働比較」労働政策研究・研修機構）と大きく減っているかに見えるが、これはほぼパートタイマーなどの非正規労働者が増えたことによるもので、フルタイム労働者の労働時間はこの20年間ほぼ横ばいである。改善が進んでいるとは言えない状況だ。

長時間労働の慣行は、新たな労働力の参加を拒んでいるという側面がある。育児や介護と仕事の両立を求める労働者には長時間勤務は不可能だ。残業を前提として仕事をするのではなく、勤務時間内で働くことを大前提として、致し方ない場合にだけ残業するという新しいワークモデルに転換しなければならない。

健康経営

「健康経営」というムーブメントが企業経営者の間に広がってきていることも長時間労働の是正を後押しした。

健康経営とは、米国の経営心理学者のロバート・ローゼンが提唱した概念である。企業の持続的成長を図る観点から従業員の健康に配慮した経営手法のことで、生産性の向上、従業員の創造性の向上、企業イメージの向上を目指し、あわせて医療費の抑制によって収益を高め、リスクをマネジメントする経営である。経済産業省の表彰制度や東京証券取引所の「健康経営銘柄」などの施策がきっかけとなり、関心を持つ企業が多くなっていた。

長時間労働は、睡眠時間の不足、高い労働負荷、家庭生活や余暇時間の不足を通じて、健康を阻害する。因果関係には明確でないところもあるが、心身の不調に与える影響が高まることは様々な研究によって確認されている。

図2は労働時間と体調との関係を見たデータである。リクルートワークス研究所が毎年1月に全国の15歳以上4万人超の国民を対象に行っている全国就業実態パネル調査（以下「パネル調査」と記載）の結果だ。日本人全体がひどく疲れていることが目

図2 ● 長時間労働と健康との関係

あった　計（%）

	週労働時間			
	～35時間未満	35～45時間未満	45～60時間未満	60時間以上
頭痛やめまいがする	50.8	49.5	48.4	53.1
背中・腰・肩が痛む	76.0	74.0	74.1	78.2
動悸や息切れがする	34.5	31.6	30.1	37.0
ひどく疲れている	64.3	62.6	66.3	74.6
気がはりつめている	61.7	62.8	67.7	75.6
ゆううつだ	56.4	57.5	59.1	63.5
食欲がない	25.3	23.2	23.4	27.8
よく眠れない	46.8	44.8	44.9	49.4

出所：リクルートワークス研究所「全国就業実態パネル調査 2017」

につくが、加えて週労働時間が60時間を超えている人はいずれの項目についても明確に比率が上がっていることが見て取れる。

長時間労働が健康を害しやすいということは明らかだろう。

36協定

厚生労働省で、2016年に仕事と生活の調和のための時間外労働規制に関する検討会が立ち上がった。私も委員のひとりだったが、この場では主に、36協定の問題を議論していた。

労働基準法第36条には、「労働者を法定労働時間（1日8時間、1週40時間）を超えて労働させる場合や、休日労働をさせる場合には、あらかじめ労働組合と使用者で書面による協定を締結しなければならない」と定められている。この「36協定届」を労働基準監督署に届け出ずに従業員に時間外労働をさせた場合は、労働基準法違反となる。

ところが2013年に厚生労働省労働基準局が発表した調査によると、中小企業の56・6％が時間外労働・休日労働に関する労使協定を締結しておらず、そのうちの半数以上が「時間外労働や休日出勤があるにもかかわらず労使協定を締結していない」＝「違法残業を課している」ということがわかっている。ルールそのものがかなり形骸化しているのだろう。

また、36協定においては例外措置がある。例えば、予算・決算業務、大規模なクレーム対応、繁忙期への対処、納期の逼迫などの特別の事情がある場合、どうしても限度時間を超えた残業や休日出勤が発生してしまうときには、「特別条項付の36協定届」の届け出をすれば、上限を超えた設定をすることができる。もちろんこの特別条項はあくまで臨時的措置であり、これが認められるのは年間で6カ月以下ではあるが、上限なく残業をさせられるとして問題になってきた。これを見直し、上限規制を行うべきか否かを議論した。

過労死問題

その議論を一気に飲み込んだのが過労死問題である。

過労死という言葉はそのまま karoshi として海外でも通用するくらい、悪い意味で日本の特徴となっている。２０１４年に「過労死等防止対策推進法」が施行され、過労死や過労自殺をなくすため、国が実態調査を行い効果的な防止対策を講じる、としているが、２０１６年は改めて過労死が社会問題として浮上することになった。

きっかけは広告代理店・電通における過労自殺である。２０１５年12月に電通の新入社員女性が社員寮から飛び降りた。この社員は過労死ラインといわれる80時間を大幅に超えて時間外労働をしていて、社員個人の Twitter には過労やパワーハラスメントの被害をうかがわせる書き込みがなされていた。労働基準監督署は、自殺は長時間労働によるうつ病を発症したことが原因と判断して労災認定をしている。２０１６年11月には東京労働局過重労働撲滅特別対策班（かとく）が電通本社に強制捜査を行い、その様子はマスメディアでも大きく報道された。そして12月には、東京労働局は法人としての電通と自殺した女性社員の当時の上司を、労働基準法違反の疑いで東京地方検察庁に書類送検。石井直代表取締役社長は、2017年1月の取締役会で引責辞任することを発表している。

厚生労働省も、2016年12月に「過労死等ゼロ」緊急対策を即座に発表して、違法な長時間労働を許さない取り組みの強化を打ち出したが、このような事件が折しも働き方改革実現会議が開かれている最中に起こったことで、労働時間の上限規制を設けるべきとの論へと拍車がかかっていったのである。

結局実行計画では、上回ることができない時間外労働時間を年720時間(=月平均60時間)とすることになり、かつ単月では、休日労働を含んで100時間未満にすることになった。

3　第4次産業革命という源流

第3は第4次産業革命といわれるテクノロジーの進化をいかに社会に貢献する形で

取り込むかという課題である。具体的には、
①ビッグ・データ解析結果の保守点検、健康管理、カスタマイズ商品の提供など、多目的な活用
②シェアリング・エコノミーもしくはオンデマンド・エコノミーと呼ばれる、インターネットを通じたサービス利用者と提供者のマッチング
③AIやロボットによる省力化。自動運転や介護ロボットなど
④フィンテックと呼ばれる、ITを利用した革新的な金融サービス事業
などが代表的要素としてある。

また、第5期科学技術基本計画では、第4次産業革命を受けた日本の将来構想として、サイバー空間とフィジカル空間（現実社会）が高度に融合した「超スマート社会」を未来の姿として共有し、その実現に向けた一連の取り組みを「Society 5.0」と名付け、さらに深化させつつ強力に推進してゆくとしている。

雇用喪失

第4次産業革命が進めば、働き方にも大きな影響がある。

まずは、AIやロボットにより、労働が機械に代替される可能性である。単純なスキルである製造、販売、サービスなどの一部の仕事だけでなく、バックオフィス業務全般がAIにより代替されるかもしれない。AIのない時代には容易には代替できないとされていた人事管理、資産運用、健康診断などのハイスキルの仕事についても、その一部が代替されるとの指摘もみられる。

AIによる雇用喪失に関する試算は数多くあるが、例えば野村総研が英オックスフォード大学のオズボーン准教授らと共同研究した結果では、10年から20年後に労働人口の49%が人工知能やロボットで代替可能になると試算されている。

しかしテクノロジーの進化によって、ひとりの仕事を丸々奪ってしまうケースはごく一部で、多くは単純作業などの雑務から解放するために使われ、長時間労働からの解放や、より付加価値の高い仕事へのシフトに向かうとの見解もある。

政府は第4次産業革命が雇用喪失というネガティブな印象にまみれて、国民の反感を買うことを懸念していたが、折しもの人手不足のインパクトが強く、比較的前向きに受け止められているのではないだろうか。

テレワーク

テクノロジーの進化によってテレワークが本格的に進むかもしれない。

テレワークは１９８０年代から日本でも注目を集め、サテライトオフィスの実験などが行われてきたが一般的に普及することはなかった。２０００年代に入るとノートパソコンの普及に伴いモバイルワーカーが増えたが、個人情報保護法という厚い壁にはばまれて、動きが止まっていた。今回はテクノロジーの進化が、テレワーク導入を可能にする環境を整備してくれたため、三度目の正直で一般化する可能性がある。

テレワークは、時間や場所の制約にとらわれることなく働くことができ、子育て、介護と仕事の両立の手段となり、多様な人材の能力発揮が可能になるもの、として政府が推奨している。テレワーカーには企業などに雇用される雇用型テレワーカーと自営型テレワーカーとがいるが、雇用型テレワーカーを２０１６／２０２０年比で倍増させるという目標を掲げている。

国土交通省の平成28年度テレワーク人口実態調査によると、テレワーク制度に基づく雇用型テレワーカーの割合は７・７％となっている。勤務先にテレワーク制度があるか個人に聞いた結果では、社員全員にテレワーク制度が適用されていると回答した人の割合はわずか3・0%、一部の社員に適用が4・8%、制度はないが会社や上司が実質的にテレワークを認めている割合が5・1%、試行実験を行っているとした割合が1・2%となっていて、広くテレワークを認めている会社はまだ少ないようだ。テレワークの場所については、自宅、サテライトオフィス、その他の場所でモバイルツールを使って、という回答が同じ程度ある。

「パネル調査」によると、テレワーク制度が導入されていて自身に適用されているという人は2・5%、テレワークをしている人の多くは制度適用を受けていない人だった。

適用外のなかには相当数のいわゆる「持ち帰り残業」を含んでいると思われる。持ち帰り残業は昔からあるサービス残業である可能性が高く、テレワークとはとても呼べないが、本来のテレワーカーと持ち帰り残業者の違いは明確にあって、テレワーカーは労働時間も長くなく(平均並み)、男性の場合は家事や育児の時間が長いという傾向がある。男性の育児参加を推進するために様々な施策がとられているが、テレワークを導入することがいちばんの近道なのかもしれない。一方の持ち帰り残業者は当然ながら労働時間が平均よりも長い。

テレワークの推進にあたっては、労働時間が長くなるのではないかという懸念があったが、この調査結果を見る限り、長くはなっておらず、通勤時間等に使っていた時間が、家事や育児の時間に振り向けられているという姿が見える。

私が所属する㈱リクルートホールディングスは全従業員にテレワーク制度を適用していて、私自身もテレワーカーであるが、長距離通勤の時間を節約でき、自宅で集中して仕事ができるので大変重宝している。テレワークの導入によって職場の風景もがらりと変わり、常に誰かがテレワークしているため、会議にインターネット等の会議システムを使って参加することが当たり前になり、そもそも会議自体がずいぶん少なくなったように思う。

副業・兼業

さらにシェアリング・エコノミーによる個人の役務提供の機会の増加などにより、好きなときに好きな時間だけ働くというスタイルが定着する可能性がある。つまり副業機会が増加するということだ。政府は「副業・兼業が新たな技術や視野の獲得によるオープンイノベーションや、第2の人生の準備としての有効性をもつ」という点で副業が可能な社会を作ろうとしている。

シェアリング・エコノミーとは、個人が所有する遊休資産（スキルのような無形資産を含む）の貸出しを仲介するサービスであり、借り主は所有することなく利用できるというメリットがある。貸し借りには信頼関係の担保が必要なため、ソーシャルメディアやICT技術の進化が重要な役割を果たすことになる。

このような経済が広がることで、個人は、自宅を起点としながら手軽に収入を得ることができるようになる。PwCによると、2013年に約150億ドルの市場規模だったものが、2025年には約3350億ドルに成長すると予想されており、日本の経済効果は新経済連盟の試算で10兆円台となっている。

Airbnb（民泊サービス）や Uber（タクシーサービス）がその典型であるが、自宅やマイカーという個人資産を活用した「副業」機会を一気に広げる役割を果たしているのだ。

日本企業は従来から従業員の副業を認めることには慎重で、現在も多くの企業の就業規則には許可制や届け出制といった規定がある。副業によって通算の労働時間が過剰になることへの懸念や、情報管理上のリスクに関する懸念があるためとされているが、より本音で言えば、管理不能な領域で所得を得ることに対する心配であり、生活に必要な所得は給与として支払っているという思いがあるからだろう。

それでも副業は広がってきているようだ。「パネル調査」によれば、2016年1年間に、本業以外に労働を通じて所得を得た人の割合は12・9%にも達している。ただしそのうちの54・7%は不規則なもので継続的な副業ではないとしている。シェアリング・エコノミーの範疇かどうかは不明だが、すでに企業が把握する範囲ではなく、水面下で広がりを見せているのである。

もともと副業というのは、本業では生活に必要な所得を得られない場合に行われるものであり、現在でも非正規労働者の副業の多くはこのパターンであるが、一方で新しい副業層も登場してきている。500万円以上の年収を本業から得ている正社員の8・6%が副業をしているが、そのうちの35・7%は本業と同じ分野で副業をしていて、平均して年間50万円程度を副業から得ている。このような人々は生活のための副業というよりは自己啓発のための副業であり、プロとしての腕試しを兼ねて行っていると考えられる。

日本企業も人材を惹きつける手段として、また人材育成の手段として、副業に対するスタンスを再考するようになるかもしれない。ただし、しばらくの間はITエンジニアなどの一部の職業に限定されるだろう。

フリーランサー

副業・兼業と不可分に重なっているのが雇われない働き方＝フリーランサーである。米国では労働力人口の35％にあたる5500万人もの人がフリーランサーとして働いているとの統計もあり、今後さらに増える可能性があるという。

日本においてはどうだろうか。農林漁業者でもなく、店舗も持たない個人事業主を「フリーランス」と定義するならば、このような働き方をしている人は日本に約1277万人いることがわかった。これはリクルートワークス研究所が実施した「フリーランス調査」（2015年）の結果である。

業種ではIT系、専門職系、医療・美容・生活系、出版・デザイン・芸術系、教育系、営業・マーケティング系、製造・整備系などに広がり、平均年収は330万円となっている。フリーランスのうち、生計を立てるうえで十分な収入を得ている人は25％にすぎず、生活逼迫型が40％もいる。それ以外の35％は副業としてフリーランスの仕事をしているようだ。取引先が1社のみという人が35%、2～5社が47%で、全体として取引先数は少ない。あまり交渉力を持っていないため、急な仕事や無理な仕事でも断ることができず、単価についても取引先の要求を飲まざるを得ないのが実情だ。本当は新しい取引先を開拓したいのだが、時間もなくそれもできていない。他者にフリーランスという働き方を勧めたいとは思っていないが、それでも会社に雇われて働きたいと思っている人は全体の約1割にすぎず、満足はしていないものの、今の働き方にフィット感は持っているようなのである。

あまりポジティブな要素が見えてこないが、米国のシェアリング・エコノミーを支えているのもこうしたフリーランサーの安い人件費である。

雇用と異なり、社会保障などの費用がかからないうえ、あくまで仕事が発生したときだけ支払いをすればいいため、フリーランスを活用すれば、ローコストで柔軟性が高いビジネスモデルができるのだ。業務プロセスに指示を出すと雇用者と見なされるために、「我々には雇用者と同じ保障を受ける権利がある」と主張してフリーランサーが会社を相手に訴訟を起こすケースが増えてきている。

米国におけるフリーランスは格差の象徴とも言える。低所得を我慢すれば、とりあえずは仕事にありつけるということで、仕方なくフリーランサーになるという人が多いのだろう。高齢者や、育児・介護と両立したい人には有望な働き方といえそうだが、他者にはない専門的な技術を持っている人でないと、昔の内職がIT化されただけになってしまう。

日本のフリーランサーも、自ら望んでこの働き方を選んだ人は半数にすぎない。そのようになってしまった原因は社会制度の整備が遅れたからだろう。

フリーランス税制の整備、契約法制による担保のあり方、公平な市場ルールの整備、社会保障制度のあり方、働き手代表組織のあり方など、多くの課題を残している。「雇われない働き方」はテクノロジーの進化とともに増えていくのだろうが、そのスピードと社会制度整備のスピードの競争になるに違いない。

4　人手不足という源流

第4の源流は人手不足である。

戦後一貫して増加していた労働力人口は、1998年の6793万人をピークに減少段階に入った。労働力人口の長期的な減少はすでに誰もが知っていることだが、現在の好景気を背景に「求人難」という形でしみじみと実感することになった。

採用の需給バランスを示す有効求人倍率は第1次オイルショック直前の1973年に記録した2・14倍以来の高水準になり、これは43年ぶりのことである。正社員の有効求人倍率も発表を開始してから初めて1倍を超えた。

有効求人倍率は、景気の山谷によってアップダウンを繰り返すものだが、労働力人口が減少に転じてからは少々モードが変わってきた。私も30年余り労働市場に携わってきたが、現在のような人手不足はバブル期を含めても記憶にない。

特に建設、飲食、物流などで深刻で、受注制限や営業時間の短縮といった影響が各所に出始め、「人手不足倒産」までも起こりはじめている。帝国データバンクの調査によれば、2013年1月から2017年6月末までの4年半で発生した「人手不足倒産」の累計件数は290件にのぼり、2017年上半期は前年同期比44・1％増で、2013年上半期との比較では2・9倍となっているという。小規模企業が中心であり、業種別では、建設業とサービス業で、離職と採用難を要因とした倒産（法的整理）が発生している。

抜け出せない悪循環の罠

現在のように人手不足が長期にわたるときには、対策が後手に回ると極めて困難な状況に陥るものだ。

好景気になるとサービス業等で働いていた人材が離職して他業種や他職種に移りはじめる。女性は総じて事務職希望が多いため、事務職の新規求人が増えてくるとそちらへ移動しようという行動が増えるのである。また人気業種への移動も同様にして起こる。そうすると残った従業員によって仕事を回そうとするため、残業時間が長くなり、今度はその長時間労働を嫌って追加的な離職が起こる。もともと事業収支を考えてぎりぎりの人数で回していた会社や、急成長によって常に従業員を増やし続けてきた会社の場合は、離職による他の従業員の負荷増を吸収できずに、限度を超えてしまいやすい。図3はその構造を描いたものだ。

図の右にあるような悪循環の構造になるまで放置すると出口がなくなってしまう。労働環境を改善するために人を増やそうと思っても、「ブラック企業」という烙印をいったん押されると、新規採用ができなくなり、完全な悪循環に入ってしまうのだ。

ポジティブ・ループが作動するように、地域限定社員や短時間パートタイマーなど

図3 ● 小売・飲食店における人手不足の悪循環の構図

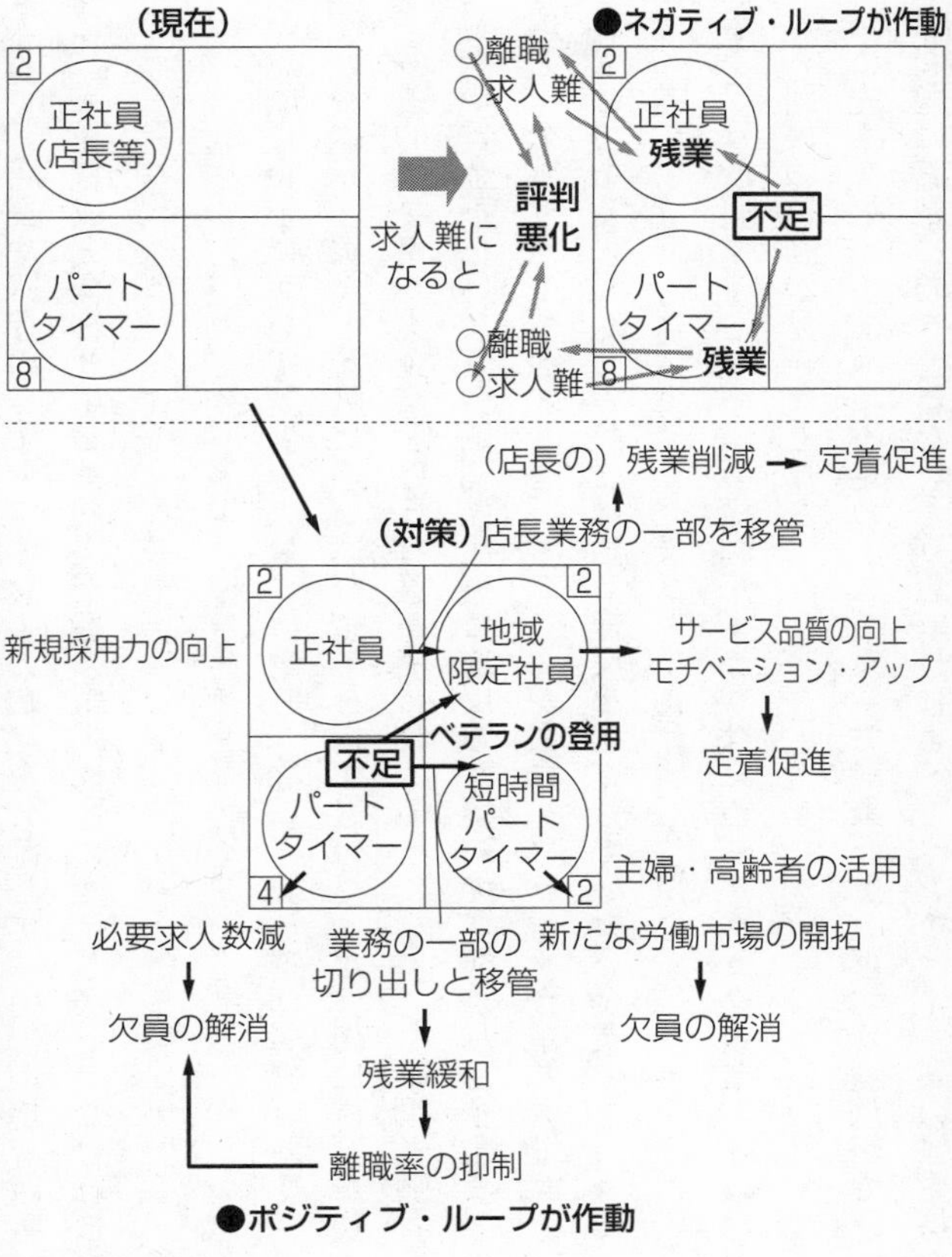

出所：筆者作成

を導入して、店長や既存のパートタイマーの職務を分割して、労働環境を改善するとともに、人材育成と顧客サービス向上が進む組織構造に変化していかなければならない。

ブラック企業という言い方は2013年の流行語大賞トップテンに入った言葉だが、新興の急成長企業において若者を大量に採用し、過重労働・違法労働・パワハラによって使いつぶし、次々と離職に追い込む企業を指すものだった。後に言葉が独り歩きして、多義的にブラック企業という言葉が使われるようになった。厚生労働省は、長時間労働や賃金不払いなど労働関係法令に違反した疑いで送検された企業などの一覧を作成し、公式サイトで公表している。これが俗に「ブラック企業リスト」と呼ばれているものである。しかし実際には法令違反を起こしていない企業でも口コミサイトなどで、「ブラック」と呼ばれてしまっている会社が大量にある。

人手不足は放置すると悪循環の構図がまわりはじめ、ブラック企業と呼ばれるようになると回復の道筋が見えなくなる。

いかに先手をとって、人手不足のときこそ、労働条件を改善する経営ができるか。この問題に真剣に向き合わないと、急成長によってベンチャー企業の雄と持ち上げられていたところも、あるときを境に経営難に陥ってしまうのである。

高齢者就業

人手不足下で期待されるのは高齢者の人材活用が進むことである。

働き方改革実行計画では、「労働力人口が減少している中で我が国が成長力を確保していくためにも、意欲ある高齢者がエイジレスに働くための多様な就業機会を提供していく必要がある」としているが、現実には厳しい状態が続いている。

「パネル調査」によれば、2015年に未就業でかつ就業希望がある人で、2016年に入職した人は、59歳以下では41・1％であるのに対し、60歳以上では14・6％にすぎない。就業を希望しても、それを実現できる人はたった14・6％しかいないのだ。残り8割強の高齢者は職を得ることができないでいる。とてももったいない話だと思う。

2013年に改正高年齢者雇用安定法によって、希望すれば65歳に達するまでは再雇用という形で雇用の場が確保されたのだが、この法改正が両刃の剣だったのかもしれない。60歳を超えた人々にとって、定年退職を迎えた会社で雇用機会をつくってもらえて、年金支給までの所得を保証してもらえるということはとてもありがたいことに違いない。しかし、これによって55歳から64歳が完全に「ロスタイム」のようになってしまった。全力で仕事をするというのではなくハーフリタイアのような形での働き方をしているのである。

古い時代の定年年齢である55歳は、いまも役職定年などの形で企業組織には影響が残っており、役員などに昇進した一部の人は別として、多くの人は第一線を退く形になる。本来は60歳定年後に向けてセカンドキャリアの準備をしなければいけないときだが、希望すれば（給料は大幅に下がるが）再雇用してもらえるという安全パイがあるため、準備をしない。

内閣府が実施している「高齢者の生活と意識に関する国際比較調査」（２０１５年）をみると、50代までに老後の経済生活に備えて、働いて収入が得られるように職業能力を高めることをしていた人はわずか6・4％である。

転職活動をしてもたいした職はないから、というあきらめが背景にはあるのだろうが、高齢者就業機会の開発とセカンドキャリアのプランニングを同時に進めないと、高齢社会の進展にも、長期化する人手不足社会にも適応することができないはずだ。

5　一億総活躍という源流

少子化対策

第5の源流は一億総活躍である。これは主として少子化対策を起点としている。

1人の女性が一生に産む子どもの数を示す合計特殊出生率は、2・07を下回ると自然減に向かうが、日本は1974年以降現在に至るまで継続的に下回っている。1990年代後半から少子化対策が本格化して、次世代育成支援対策法が作られ、企業は育児休業の整備などの対策に乗り出した。出産により離職すると生涯賃金が大幅に下がるため、出産に二の足を踏む女性が多かったので、育児と仕事が両立できる仕事環境を整備する必要に迫られたのである。厚生労働省は「くるみんマーク」をつくり、次世代育成の対策に取り組む企業を持ち上げる政策を展開した。民主党政権下でも子ども手当の創設などの少子化対策を継続したが、2005年に1・26という「底」を経験した合計特殊出生率は、2016年1・44という若干の回復に留まっている。

そこで2016年6月には「ニッポン一億総活躍プラン」をまとめ、新たな三本の矢のひとつとして「希望出生率1・8」を掲げることになった。

また、第1子出産後も継続して就業している女性の比率は、1995〜99年38％、2000〜04年40％、2005年〜09年40％（国立社会保障・人口問題研究所　出生動向基本調査）とほとんど変化していない。

そこで展開されたのが女性活躍推進策である。育児を視点に進められた環境整備では、出産後に育児休業や育児時間は進んだものの、育児と仕事を両立しながら「活躍する」という視点が欠けていた。次世代育成支援策を充実させた企業の中には、育児休業明けの女性社員が、これといった活躍もしないままに既得権益を主張するようになり、企業とのWin-Winの関係が成り立たなくなっているところもあった。

そもそも日本は女性活躍という点では大変遅れており、人権問題の視点からも現状を変えていく必要があった。リーダーに占める女性の割合を少なくとも30％以上にしていくという政府目標を掲げてはいるが、民間企業における管理職に占める女性の割合は6・6％にすぎない（帝国データバンク　2016年）。また、各国における男女格差を測るジェンダー・ギャップ指数（世界経済フォーラム発表）では、2016年の日本の順位は、調査対象144か国中111位という悲しい状態である。

そこで女性を中心としたダイバーシティ経営（ジェンダー・ダイバーシティ）を推進しつつ、女性活躍推進法をつくり、この延長に働き方改革を据えたのである。

なおその後の施策の効果か、第1子出産後の就業継続率は2010～14年では53％と急上昇している。今後さらに出生率改善につながることを期待したい。

ダイバーシティ経営の急速な浸透

ダイバーシティ経営のここ数年の動きについて補足説明をしておきたい。

経済産業大臣表彰として2012年から現在まで続けている表彰制度に「ダイバーシティ経営企業100選」がある。私も第1回から選定企業の審査にかかわっているが、当初は選出した企業さえ「この制度に応募するまでダイバーシティ経営という言葉は知らなかった」というほど認知されていないものだったが、わずか5年程度ですっかり市民権を得た感覚がある。

経済産業省はダイバーシティ経営を「多様な属性の違いを活かし、個々の人材の能力を最大限引き出すことにより、付加価値を生み出し続ける企業を目指して、全社的かつ継続的に進めていく経営上の取組」と定義している。

多様な属性とは、女性であり、高齢者であり、外国人であり、障がい者であり、昨今ではLGBTにも大きな焦点が当たりはじめた。

LGBTとは、L＝レズビアン（女性の同性愛者）、G＝ゲイ（男性の同性愛者）、B＝バイセクシュアル（両性愛者）、T＝トランスジェンダー（心と体が一致しない人）を指す言葉で、そのほかに、I＝インターセックス（身体的に男女の区別がつきにくい人）、A＝アセクシュアル（無性愛者）、Q＝クエスチョニング（自分の性別や性的指向に確信が持てない人）を加えてLGBTsと呼ぶこともあり、単純に性的少数者（性的マイノリティ）と呼ぶこともある。

当初のダイバーシティ経営は、日本では主に女性活躍推進を表していて、表彰企業も女性をテーマにした事例が多かったが、昨今では本当に多様になってきた。

企業がダイバーシティ経営に取り組むようになった契機は、中小企業では求人難である。日本人大卒男性正社員だけを追い求めていては、採用競争力のない中小企業では人材が集まらない。そこで同じ能力でも相対的に採用しやすい女性をターゲットにして、活用の道筋をつくっていったのである。

一方、大企業では消費マーケットの変化に対応するために、ダイバーシティ経営に着手した例が多い。現在消費の決定権を握っているのは女性である。男性社員がいくら女性消費者の心を掴もうとしても限界があるので、消費者の構成に社内を合わせようと発想したのである。そのため、取り組みはBtoC企業が先行していて、現在でもBtoB企業では進んでいないところが多い。

もうひとつ大企業できっかけとなっているのは海外への本格進出＝経営のグローバル化だろう。日本と比べればたいていの国では企業組織はよりダイバーシティ化している。日本の感覚で経営をしていたら、たちまち社会的批判を浴び、訴訟になるだろう。海外展開している企業の経営者ほど属性による差別的取扱いに敏感になり、日本国内においてもダイバーシティ経営にリーダーシップを発揮しているように見える。

ダイバーシティ2・0

数年の間にダイバーシティ経営は浸透し、大企業では横並びでメニューを揃えるようになった。女性活躍推進法の施行も後押しとなり、女性管理職目標の設定、男性の育児休業促進、女性リーダー研修の実施など、急速に広がっている。

2017年からはダイバーシティ経営も次の段階へということで、経済産業省に

「競争戦略としてのダイバーシティ経営（ダイバーシティ2・0）の在り方に関する検討会」が立ち上がり、ダイバーシティ2・0行動ガイドラインがまとめられた。

ここで強調されているのは、ダイバーシティ経営が全社的かつ継続的に取り組まれていることであり、それを経営戦略のストーリーとして外部のステークホルダー（株主や未来の従業員など）に開示し、対話しているということである。

図4は発表された7つの行動ガイドラインであるが、これに沿って新たな表彰制度である「ダイバーシティ経営企業100選プライム」も立ち上がっている。

ダイバーシティ経営の進化は、属性にかかわらず活躍できるような人事制度の見直しや働き方改革の実行（④）を求め、さらに従業員の多様性を活かせるマネジャーの育成（⑤）へと展開される。

少子化対策への貢献というCSRから、持続的な競争力の向上へと目的が変化し、働き方改革の源流として大きな流れとなっている。

図4 ● ダイバーシティ2.0のストーリー
（実践のための7つのアクション）

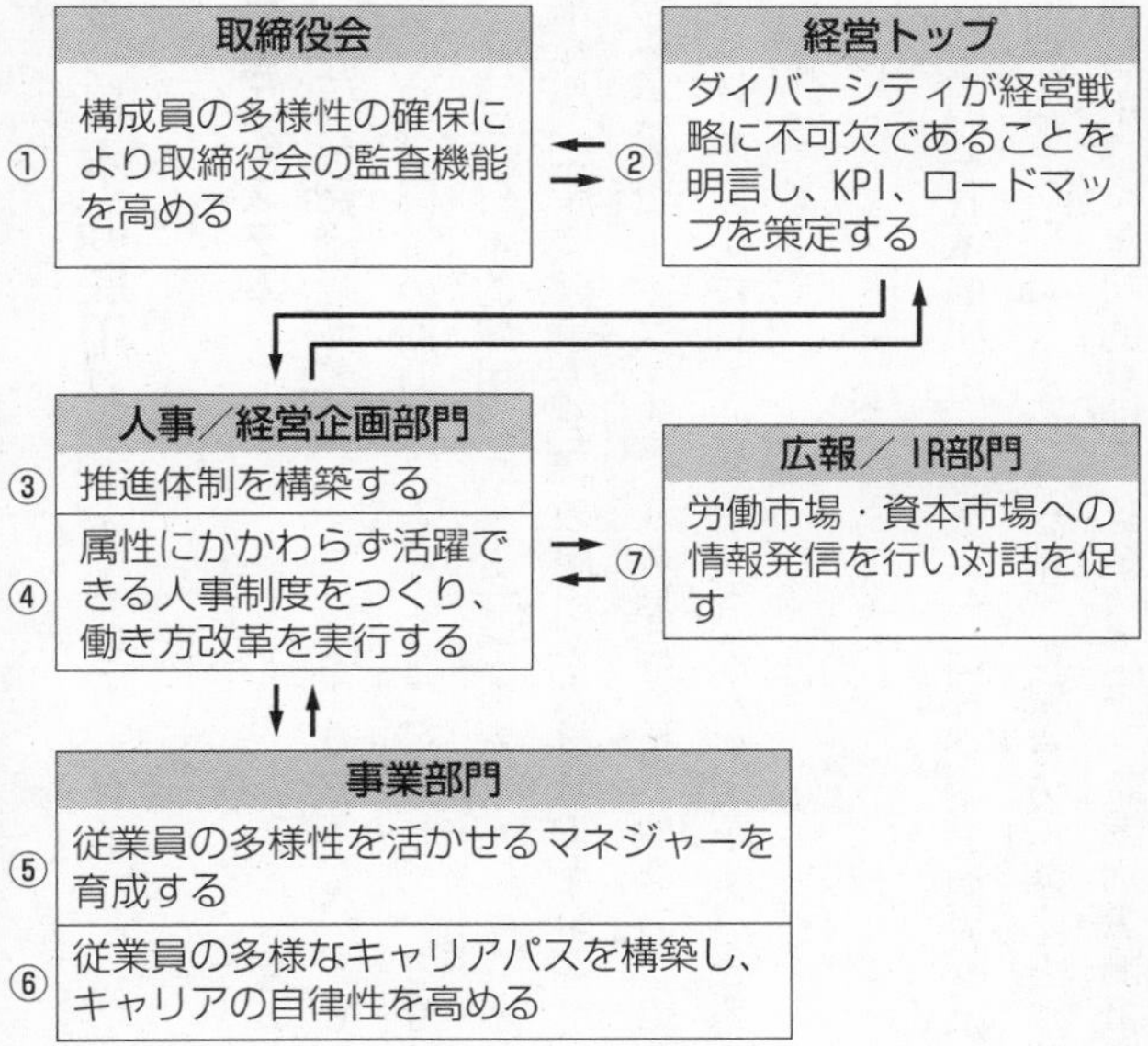

出所：経済産業省「ダイバーシティ 2.0 行動ガイドライン」に筆者が加筆

6　日本的雇用システムという「ダム」

日本的雇用システム

多くの源流が合流して大河となった働き方改革だが、その流れにストップをかける存在があった。図1の河口でダムのように存在しているもの。それが、私たちが長年慣れ親しんだ「日本的雇用システム」である。

2013年に産業競争力会議の雇用・人材ワーキンググループが中間整理としてまとめた、『『世界でトップ・レベルの雇用環境・働き方』の実現を目指して」というレポートでは、明らかに日本的雇用システムを変革すべき課題と認識した表現が記載されている。

従来の「日本的雇用システム」は、企業と個人とが包括的な雇用契約を結び、「就社」する「メンバーシップ型」の働き方を基本とするものである。「終身雇用・長期雇用」、「年功的昇進・賃金体系」、「企業別労働組合」をその特徴とし、働き手は「終身雇用」等と引き換えに、長時間労働、配置転換、転勤命令等の「無限定な」働き方を受け入れてきた。

このシステムは、高度経済成長の原動力となったが、外部労働市場や教育・訓練システムの活性化が図られず、また、グローバルに通用するプロフェッショナルの育成にも不向きであった。さらに、労働契約に関わるルールも予見可能性が低いと指摘されてきた。

政府は、日本的雇用システムに風穴を開けた方がよいと判断して、働き方改革の諸項目と相性が悪いことを承知しながら、あえてこの政策を進めたのだろう。現実にはとても悩ましいところで、例えば、長時間労働の是正や副業解禁などは、従来の日本的雇用システムを変えなければ導入しても効果は上がらない。そのために導入をためらう企業が多い。

そして、働き方改革の議論では、とても大事なテーマが盛り込まれなかった。日本的雇用システムの特徴のひとつをなす「転勤」という問題である。

転勤問題

日本的雇用システムは、産業競争力会議の報告にもあるように、正社員の無限定性にある。

同一労働同一賃金によって、仕事により賃金が変わることになれば、職種間の人事異動は難しくなり、職務の無限定性が崩れる。

残業時間の上限規制をすれば、労働時間の無限定性が崩れる。

そして、転勤という制度に制約が加えられることになれば、勤務地の無限定性も崩れることになり、日本的雇用システムは抜本的な見直しを迫られることになるのだ。

実は転勤制度は相当に課題を抱えている。2016年1年間で転居を伴う人事異動を経験した人は79万人もいる（パネル調査）。1990年代に専業主婦世帯と共働き世帯の比率は逆転しているので、転勤に直面した家庭では、配偶者（多くの場合は妻）のキャリアを中断するか、もしくは単身赴任というワークライフバランスの崩れた状態か、どちらかを選択しなければならなくなる。いずれも歓迎しない選択肢だろう。子どもの教育問題や、親の介護、新居の購入とも相性が悪い。

しかも会社はひとりの転勤者をつくると手当などで年間100万円から150万円

の余分な費用が発生するのである。このような制度はそろそろ終わりにしてもいいのではないか。

転勤には人材育成効果や地域間の需給調整効果もあるが、たいていの企業はマンネリ防止で習慣的にやっているだけである。

それでも転勤廃止を宣言する企業が出てこないのは、無限定性を放棄してしまうと、正社員という概念が崩れてしまうからだろう。地域限定社員制度を持っている会社では、正社員と比べて2~3割賃金を安くしているところが多い。これを「転勤プレミアム」と言うが、転勤を廃止してしまうと、これらの制度を根本から見直さなければいけないので、大改革になってしまうのだ。

それでもその時は近づいているように思う。

2018年からは有期雇用で5年以上働いていた人を希望により「無期化」する法改正が施行される。働き方改革の諸施策が法制化されることと合わせれば、正社員という概念が揺らいでいることは間違いない。

安倍総理は、非正規という言葉をこの国から一掃すると宣言したが、非正規がなくなるということは正規もなくなるのである。

労働生産性向上

働き方改革では労働生産性の問題にも十分に踏み込めなかった。

働き方改革はいずれにしてもコストがかかるものであり、それを企業経営のなかで吸収していくためには、生産性を上げながら進めていくしかないが、働き手の視点にとどまり、企業経営の視点が盛り込めていなかった。

図1にも示したように、働き方改革という大河が海に流れ出ると、生産性向上やイノベーションを通じた企業の競争力向上へとつながっていくはずである。本来はそこまでを包括したストーリーに仕立てたいところだが、まだ整理はできていない。ダイバーシティ経営でもストーリーが重要であり、なぜダイバーシティを進めるのかを経営者が戦略として社内外に語らなければ推進力が出てこないように、働き方改革でもそれぞれの企業ごとのストーリーが整備されてはじめて大きな動きになるのだ。

2017年になって、サービス業5分野の生産性向上などの政策が進むことが決まったが、これは働き方改革を補完する視点から生まれたものだろう。

第2章で述べる企業ごとの業務改革との組み合わせのなかでの生産性向上や、第4章で述べるマネジメントプロセスを通じた生産性向上を、経営者やマネジャーはしっかりと見つめていく必要がある。

人生100年時代の人づくり革命

働き方改革に続く看板政策として掲げられたのは人づくり革命だった。

「無償化を含む教育機会の確保」
「社会人のリカレント（学び直し）教育」
「人材採用の多元化、高齢者活用」
「人的投資を核とした生産性向上」
「全世代型の社会保障への改革」

の5つのテーマを中心に検討して、2018年6月に基本構想をまとめた。

ここにも働き方改革は何のためか？という積み残した課題に対するアプローチが見える。

短期的には、仕事を効率的に切り上げ、残業を減らし、体調を維持しながら、また明日の仕事に向かうことで生産性を向上させるということがある。

そのほかに、残業を削減してできた余裕を学びの時間に使うことや、人材育成に使うことで将来のイノベーション促進などの中長期的な生産性向上を図るという視点があるはずで、人づくり革命はそのような文脈から働き方改革をフォローしているのだろう。

人生100年時代構想会議の場で人づくり革命が議論されたが、まさに人生は長く、働くことと学ぶことを何度も繰り返してゆくのである。点としての働き方から、線としての働き方へと、次の議論が動き始めている。

第2章

働き方改革は人事改革×業務改革

実際には働き方改革は企業内でどのように展開されるのだろうか。まち・ひと・しごと創生本部が作成した、好事例集「地域における働き方改革の促進に向けて」には、多くの先進事例がまとめて紹介されているが、そのなかでも特に業界を超えて注目を集めているのが、神奈川県鶴巻温泉にある温泉旅館、元湯・陣屋の取り組みである。陣屋の取り組みを例に取りながら、働き方改革の「勘所」を見てみることにしよう。

1　元湯・陣屋が行った働き方改革

陣屋は神奈川県秦野市の鶴巻温泉にある、1918（大正7）年創業の老舗旅館だ。もともとは三井財閥の奥座敷として建てられた建物で、明治天皇の宿泊用に建設された貴賓室を現在の場所に移築した「松風の間」をはじめ、20の客室がある。囲碁・将棋の対局を300局以上行っていることでも知られている。ところが、2000年を過ぎた頃から経営が傾き、一時は倒産寸前の状態にまで追い込まれた。折しもリーマンショックの直後、売却しても借入金が残るばかりだった。

危機に立ち上がったのが、宮崎富夫氏と知子氏の夫妻だ。

宮崎富夫氏の前職は、本田技術研究所の燃料電池開発に携わるエンジニアだが、陣屋のオーナーだった父親が他界し、女将を務めていた母親が心労もあって入院。このままでは歴史ある旅館がなくなってしまうと思い、富夫氏が経営を、妻である知子氏が女将を担当することになった（現在は知子氏が代表取締役）。

2人は旅館業や接客業は未経験だったが、逆にそれが良い方向に出たのだろう。これまでの旅館の常識では考えられない改革を進めることになる。

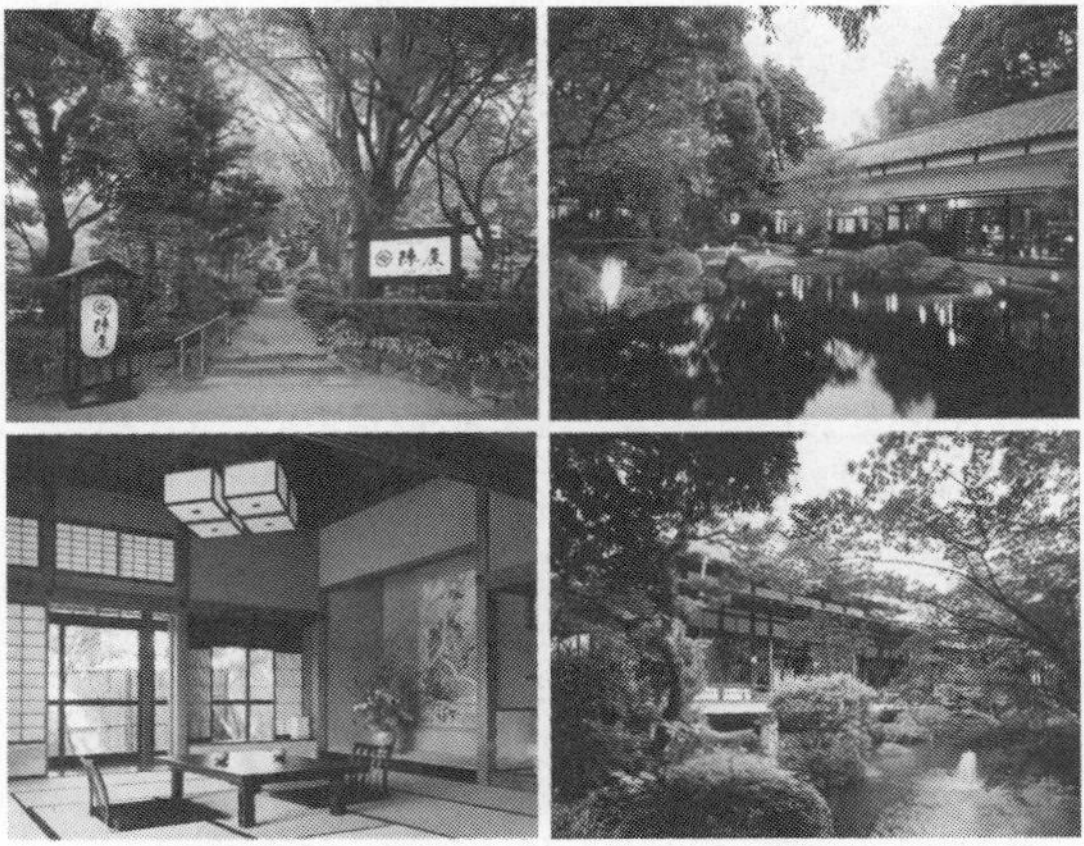

元湯・陣屋

経費が膨らむ一方、売り上げは低迷していた。原因のひとつは、客単価が低すぎたこと。客単価は富夫氏が代表取締役になった2009年当時では9800円にまで落ち込んでいた。20室しかない旅館で、1万坪の庭園を持つ陣屋としては、単価を上げなければ経営が成り立つはずなどない。

もうひとつの原因は、昔ながらの業務手法だ。予実管理は売り上げ実績だけを紙で記録するやり方で、予算について知っている社員は皆無。だからスタッフの間でも、経費が膨らんで経営が危機的な状況だという認識がない。また、顧客情報や営業情報は担当者の頭のなか、あるいはメモ帳のなかだけにしまい込まれており、ほとんど活用されていない状態だった。業務のムダも多く、内線電話をかけた相手が電話に出られない状況なのに、コールをし続けたり何度も電話を掛け直したりしていた。あるいは、伝言メモを手渡すために社内を走り回ることも多く、余計な仕事に時間をかけていた。

基本方針は、料理を見直すことで客単価の向上を図りながら、業務の効率化を目指すというものだった。

①食材や演出にこだわり、料理を大幅にリニューアルして客単価を高める

②ITを活用し、情報の見える化・共有化を果たす
③それまでの月次管理を日次管理に変え、PDCAサイクルを素早く回す
④過去の顧客履歴をおもてなし力向上につなげたり、ウェブやSNSで発信したりするなど、情報の活用を進める
⑤非生産的な業務の削減や効率化などにより、顧客との会話・接点を増やす

という順序で、改革の取り組みをスタートさせた。

これは改革の第1段階だが、すでに今までの旅館経営の常識とは異なる取り組みが含まれていた。

マルチタスク化

それはマルチタスク化である。

多くの旅館業では分業制が敷かれていて、自分の仕事が手すきで他部署が大忙しであったとしても手を出そうとはしなかった。陣屋も同様で、当時陣屋には100名程度のパートタイマーがいたが、「炭をおこすだけのスタッフ」や「玄関で太鼓を叩くだけのスタッフ」など、ひとつの仕事だけを担当する従業員がたくさんいた。

そこで、細分化されていた業務を統合し、かつ手待ち時間を徹底的に排除するために「マルチタスク化」を進めたのである。マルチタスク化は多能工化ともいうが、旅館業では星野リゾートが導入して成果を上げている手法である。

どの職域でもマルチタスク化を進めれば、ある人が休みを取るときも、他の人々でカバーできるので安心して休めるというメリットがある。女性を中心戦力とする職場ではマルチタスク化を進めるのはある種の王道であり、「お互い様」という組織風土をつくることで、育児と仕事の両立をしやすい環境にしている。

ただしマルチタスク化は一般に業務密度が濃くなるので、従業員にとっては仕事がハードになる。

陣屋では、従業員にほかの仕事も担当させる方針を伝えたところ、反発して退職した人も多かったという。それでも、経営危機の状況を伝えて理解を求め、フロントでもエンジニアでも聖域なくマルチタスク化を進めていった。これによって、業務の繁閑による手待ち時間が減り、ITの導入と相まって一気に生産性が向上していったのである。

手待ち時間

手待ち時間の解消というのは、生産性を向上させて長時間労働を改善するためにも大事なポイントになる。

図5は職種別に手待ち時間の比率を高い順にランキングしたものだ。ベスト10のなかには、長時間労働の代表職種であるドライバー3職種が入っている。これらの職種の労働時間を改善しようとすると、最初に手をつけるべきことが、拘束時間や待機時間になっている手待ち時間をいかにして減らすかということである。タクシードライバーの場合は「客待ち」がそれにあたる。

タクシー乗り場や道端に並んでいるタクシーや街中を流しているタクシーは日常的に目にするものだ。空車の時間をいかに減らすかは、労働時間はもちろん、売り上げに直結する課題だ。

例えばNTTドコモは、AIを使ってタクシーに乗りたい客の数を予測する「AIタクシー」を開発した。スマホの位置情報を使って、人の流れを読み、過去の乗車記録や天気予報を参考にしながら、タクシーに乗りたいとする顧客のニーズを地域別に予測するのである。

図5 ● 職種別手待ち時間の比率（雇用者）

職種	平均週労働時間（時間）	時間外労働・月60時間超（%）	全体を100としたときの割合 ※全体平均より高いものについて網掛けをした 手待ち時間割合（%）	本来業務割合（%）	周辺雑務割合（%）
全体	37.7	7.5	7.8	74.3	17.9
1 ドライバー（タクシー・ハイヤー）	49.9	36.1	32.0	59.3	8.7
2 医薬品営業	47.3	14.0	21.1	58.9	20.0
3 ドライバー（バス）	47.3	24.6	17.5	72.7	9.9
4 理容師・美容師	45.3	31.1	16.4	69.1	14.5
5 不動産営業	46.0	26.9	13.9	63.6	22.5
6 広告・出版・マスコミプロデューサー・ディレクターなど	45.3	21.4	12.7	68.2	19.1
7 ドライバー（トラック）	54.9	46.1	11.9	76.0	12.1
8 食品営業	44.2	19.7	10.4	69.8	19.8
9 建築施工管理・現場監督・工事監理者	49.4	28.5	9.6	71.7	18.7
10 自動車・バイク整備士	45.5	12.9	9.5	73.8	16.8
11 医師、歯科医師、獣医師	44.5	19.0	8.9	73.6	17.4
12 店長	47.9	25.6	8.8	68.8	22.5
13 建設作業者（設備工事作業員）	45.8	13.1	8.5	77.6	13.9
14 管理職	44.7	11.7	7.3	73.4	19.2
15 設備施工管理・現場監督・工事管理者	45.7	14.8	6.8	76.2	17.0
16 設計（電気回路、半導体、電気通信、制御）	46.1	10.1	6.5	74.4	19.0
17 土木施工管理・現場監督・工事監理者	48.2	20.3	6.1	80.2	13.7
18 DTPオペレーター、印刷機オペレーター	44.2	10.3	6.1	79.4	14.5
19 研究開発（電気・電子・機械）	43.9	7.0	5.1	74.2	20.7
20 建設作業者（土木作業員）	44.5	7.3	4.3	85.8	9.9

出所：リクルートワークス研究所「全国就業実態パネル調査 2017」
・調査時期 2017 年 1 月 13 日～ 1 月 31 日
・調査対象全国 15 歳以上の男女　・有効回収数 48,763 名
・上記は全 68 職種のうちの平均週労働時間上位 20 職種

ニーズの高い地域を巡回していれば、顧客と出会える確率が高まり、手待ち時間を削減することができるわけだ。

またトラックドライバーの場合は、荷物の積み込みや荷降ろしの場面で手待ち時間（待機時間）が発生する。大規模な物流施設で、到着した多数のトラックが順番待ちしている光景を見たことがないだろうか。フォークリフトやオペレーターの数が不足していたり、荷捌《にさば》き場が手狭なことが原因となって、待機して順番を待つ必要が出ているのである。到着時間には厳格でも、受付処理さえしてしまえば、待たせることには「慣行」だとして鈍感になりやすい。待たせても追加料金は発生しないため、設備や人員への投資を怠ってしまうのだろう。国土交通省の調査（トラック運送状態の実態調査　2015年）によれば、一運行あたりの平均手待ち時間は1時間45分にも及ぶという。

この問題は下請けの運送業者では解決できない。そこで、国土交通省、厚生労働省が連携して、荷主企業、元請運送業者、そして下請運送業者を巻き込んで協議会を立ち上げ、手待ち時間の短縮につながる様々な施策を支援している。

手待ち時間は程度の差こそあれ、あらゆる職種に発生する。

国家公務員の国会待機など典型的であるし、飲食・小売店舗における客待ち状態、医薬品営業（ＭＲ）が顧客である医師の手隙を待つ時間などである。

長時間労働を改善するうえではまずこの手待ち時間に注目することだ。そのためには習慣となっている業務フローそのものを見直し、テクノロジーを活用することにも積極的に取り組む必要がある。

タスクの分解と再編

マルチタスク化のみならず、タスクの組み立てを見直すことは働き方改革の入り口になることが多い。

そもそも多くの職業では、複数のタスクによって1人前の仕事が構成されている。例えばアパレルショップの店員であれば、接客やレジはもちろん、商品の入出荷やディスプレイ、備品管理、顧客データの管理からフロアの清掃まで含めてひとつのパッケージ化された仕事になっている。介護士であれば、入浴・食事・排泄・就寝の介助や移乗などの身体介護に加え、家事補助、介護についての相談・助言、社会活動支援などがまとまってひとつの仕事になっている。

宿泊業のように分業体制をとっている業態はむしろ少数で、マルチタスクが一般的なのである。そのうえで、さらに生産性向上のために、タスクを増やす場合がある。

手待ち時間にほかの仕事をヘルプするケースのほか、飲食サービス業が深夜などに導入しているワンオペ（ワン・オペレーション）も一種のマルチタスクである。飲食店の仕事にも、調理（補助）、接客・会計、食器洗い、フロア清掃などのタスクがあり、通常はそれを2〜3人で役割分担してこなすが、それを1人でやることで、手待ち時間をなくし、仮に時給を高く設定しても総額人件費を減らして生産性を向上させる施策として導入するものである。

しかしワンオペは、業務負荷が高く、トラブル対応のストレスや休みの取りにくさなどから、労働者に敬遠される傾向にある。ひとりで家事も育児もすべてこなすことを「ワンオペ育児」と呼ぶようになっているが、ワンオペという言葉にはネガティブでブラックなイメージがつきまとう。

働き方改革は、このタスクを課題に応じて分解したり再編したりすることで進められるのである。マルチタスク化はそのひとつの方向だが、分解してタスクを減らす方向もある。

例えばある仕事が5つのタスクで構成されていたとする。その結果、業務負荷が高く長時間労働になっているとしよう。この場合、いったん5つのタスクをばらばらにしてみる。そして「やめてもいいタスクはないか」「機械化できるタスクはないか」「括りだしてシングルタスクとして臨時の労働力に任せられる仕事はないか」「他の仕事に括り直せないか」「どれかのタスクをアウトソーシングできないか」などを検討してみるのである。

このとき、それぞれのタスクにどのくらいの時間を投下しているのか測定することや、売上・利益に直結しているコアなタスクかそうでないかを考慮する。

図5には、手待ち時間のほかに周辺雑務のシェアも示している。周辺雑務とは直接成果には関係ないものであるから、まずは効率化がテーマになるだろう。

このような組み替えは、人手不足を背景として急速に進んできている。企業・事業単位で見直すこともあれば、部署ごとにマネジャーの判断で行うこともある。どのようにタスクを組み立て、誰に任せるのかを、これまでの常識にとらわれずに発想することで、働き方改革の課題を解決できるのだ。

2　安定稼働と賃上げ

話を元湯・陣屋のケースに戻そう。

客単価の向上や業務の効率化といった、第1段階の経営改革は成功し、結果として客単価は3万円を超え、収支は改善に向かった。

そこである程度の成果が確保できたので、第2段階の改革に着手したのである。具体的には、客室稼働率が低かった火曜日と水曜日を休館日とし、月曜日をランチ営業のみとした（2016年から。当初は水曜日休館＋火曜日ランチ営業のみ）。

これは旅館業の常識からすれば、信じられない経営判断だった。

旅館は一種の装置産業であり、客室をいかに無駄なく稼働させるか（客室稼働率）が経営の重要なKPI（重要業績評価指標）となっている。そのため年中無休で営業することが当然で、休館日を、しかも週に2日も設けるという発想はなかった。長く旅館業を経営していれば思い浮かばない選択肢であろう。

休館日を設けた理由は2つある。

①曜日ごとの売上データを蓄積することで、火曜日・水曜日はいかなる営業努力をしても稼働率が上がらず、光熱費や人件費といった固定費はかかるため、収益的に魅力がないとわかったこと

②休館日を設けないと社員が休みを取りづらく、それを嫌った社員の離職率を抑えることができなかったこと

特に②の要素は大きかった。

旅館業の社員は一般的にシフト制を敷いて順番に休みを取る。それぞれが休みたいときに休むのが前提だが、現実には他の社員に気を使って休みづらい側面があった。そしてマルチタスク化をすることによって、業務の密度が濃くなり、きちんとした休暇を取れるようにしないと社員の不満が爆発してしまいやすかったのである。

休館日を設けたことによって、全員が一斉に休みを取れ、さらに火曜・水曜に前後の日の有給をつけて3連休が取得できるようにした。現在では月曜日を有給休暇取得推進日に設定し、特別な事情がない限りは、有給休暇を取得してもらっているという。

安定稼働

年間の客室稼働率を高める経営ではなく、営業時の客室稼働の標準化・安定性を求める経営という意味で、私はこれを「安定稼働」と呼んでいる。

安定稼働というのは本来ＩＴシステムが安全に運用されている状態を指す言葉だが、いつも同じ品質を安定的に提供するための稼働戦略というような意味である。

休館日を設けることによって、逆に稼働日は原則全員参加で旅館を運営できるということになる。きょうは料理長がいない、きょうは支配人がいないということもないし、客室係に関しても前回宿泊したときの担当者がそのままついてくれるので、顧客サービスを安定させやすい。

顧客満足度を高めて、顧客単価を上げるという道筋で考えるならば、この安定稼働という選択はとても合理的である。

いったん安定稼働の道を選択すると、改めて新しい戦略も見えてくる。

陣屋の場合は、休館日に映画やドラマの撮影用に旅館を提供しているのだ。宿泊客がいると撮影には使いにくいが、全館休業となれば魅力的なロケ地となる。これまでにも「就活家族～きっと、うまくいく～」「失恋ショコラティエ」「ナオミとカナコ」「臨床犯罪学者火村英生の推理」など多くのドラマのロケ地になっている。聖地巡礼という言葉があるが、ドラマや映画の舞台となった場所に行ってみたいと考える人は多い。休館している間に誘客プロモーションができるのである。

また、旅館にとって建物に少しずつ手を入れていく改装工事は必要不可欠なものだが、営業しながら時間帯を限定して行うのと、休館日に一気にやるのとでは、全体としてかかる経費も異なるし、もちろんスピードも違う。設備メンテナンスも効率的に実施することができるようになった。これらは本来の目的とは違うが、結果的にいくつかの想定外の価値も引き寄せてきたということになる。

過剰サービス問題

休館日の設定を営業時間の短縮と考えるならば、広く飲食業、小売業や物流業でも応用可能である。

例えば24時間営業はどうか？　即日配達や時間指定配達はどうか？

このテーマは厚生労働省の仕事と生活の調和のための時間外労働規制に関する検討会でも、繰り返し議論された。「過剰サービス」「過剰品質」という問題である。

過当競争から生まれたサービスのなかには消費者のニーズに対して過剰になっているものもある。そこに生産性を低下させる要因はないか。人材不足を深刻化させる要因はないか。

改めて考えてみる必要がありそうだ。

実際にそれぞれのサービス業で動きが出てきていて、24時間営業を謳ってきた飲食業や小売業が相次いで営業時間の短縮を発表している。

「ガスト」や「ジョナサン」を展開する「すかいらーく」は、24時間営業もしくは深夜営業を行っている店舗約1000店のうち750店舗について、深夜2時閉店、朝7時開店とした。全国に223店舗を展開するファミリーレストラン「ロイヤルホスト」は24時間営業を廃止した。「マクドナルド」でも、400超の店舗で24時間営業を縮小している。郵便局では、1月2日の年賀状配達をやめ、郵便物や「ゆうパック」の差し出し・受け取りができる「ゆうゆう窓口」の24時間対応をやめるなどの対応を行っている。三越伊勢丹ホールディングスは、元日以外にも、2月や8月など売り上げが落ちる時期に定休日を設ける店を増やしている。

1980年代に夜型人間が登場して、深夜に働くなどの生活スタイルの多様化が進んだことで、24時間営業が増えたのだが、そのような深夜族が減ってきたことや、従業員のワークライフバランスを考慮しないと人手不足に対応できないことがきっかけとなっている。

ドイツには閉店法という連邦法があり、小売業の閉店時間を規制している。労働組合の要請により立法化が進んだものだ。現行法では、販売部門は、日曜・祝日、および月曜から土曜6時前もしくは20時以降については閉店しなければならない（州法で規制緩和しているところもあり）。フランスやスイスにも日曜営業や深夜営業に対する規制があり、いずれにしても諸外国では日本のように24時間営業や深夜営業がごく当たり前にあるわけではない。

また休日や深夜に働く人には日本以上に割増賃金などの優遇措置が取られ、店舗によっては顧客にも価格を通じて受益者負担を求める傾向がある。

24時間営業は確かに便利だが、コストに見合う売り上げをあげている店舗は意外に少ないのではないだろうか。

もちろん、海鮮居酒屋の「磯丸水産」、立ち食いソバの「富士そば」、寿司チェーンの「すしざんまい」など24時間営業を差別化戦略としてあえて続けている企業もある。

だが、これらの企業では別の形で生産性向上の独自策や従業員の処遇向上策による勝ち筋があるのだろう。

最終的なポイントは、サービスの価値を価格に転換できるかどうかである。そうでなければ、結局は同業同士の消耗戦になってしまう。過剰を見直すことは、時に顧客に不便を強いることであり、新たな費用負担を強いることである。一般的には競争力を落とすことになるが、顧客を巻き込む計画をやり切ってこそ、持続的な経営が生まれる。

日本はおもてなしを文化にしているが、その素晴らしい文化の裏には、サービスに対して対価を払わないという負の側面も付きまとう。

ネット通販によって宅配便が増加しているが、再配達などの人的負荷が大きいものについては、今後有料化などの措置が講じられるかもしれない。過剰サービスは廃止、サービスには受益者負担を、という変革はさらに進んでいくと思われる。

ホワイトカラーでも過剰サービス

ちなみに、ホワイトカラーにも過剰サービスはある。

丁寧すぎるレポート。

詳細すぎる会議資料。

誰も読まない議事録。

そのようなものにかなりの労働時間を割いているのではないか。

リスクヘッジという名のもとに、膨大な作業を課していることになっていないだろうか。

特にホワイトカラーの場合、上司という「顧客」向けと、会議という場面において、過剰サービスが発生しているように思う。

会議改革は長時間労働の是正対策としても重要な焦点だ。会議時間はもちろん、そのための準備や事後の作業に至るまで、膨大な時間を使っている。コンサルティング会社のベイン・アンド・カンパニーが、ある大企業で使われている時間についてデータ分析したところ、週に一度行われている経営委員会に関連する会議で年間30万時間もの時間が使われていることがわかったという。しかもこの時間には会議の準備時間は入っていない。

意思決定、情報共有、アイデア出し。会議は重要なものであることは間違いないが、それにふさわしい成果を伴っているかどうかは怪しい。

日産自動車は、「意思決定者は会議に参加しない」「模造紙と付箋を使って会議を行う」「デジカメで撮影するのみで議事録は作らない」「その日のうちに結論を出す」などの会議改革を行い、10年間で3000億円相当の効果を上げたという。

グーグルは、「常にデータを表示する」「会議には必ず1人の意思決定者＝オーナーを設定する」「参加人数は8人以下とする」「パソコンの持ち込みは不可」などのルールを決めた。

その他、会議時間を短くする、会議資料は1枚にする、立って会議をする、議事進行役はファシリテーター研修を受ける、など各社それぞれの工夫を凝らしている。労働時間における会議時間を減らすことは、純粋な時間削減だけでなく、スケジュールに居座ることによって発生する前後のロスタイムもなくすため、多大な効果がある。

それでも会議に参加する上司のために、部下は、万が一の質問が飛んでくることに備えて、膨大な手元資料を作っているのではないだろうか。

過剰だと認識して、役員・管理職がそれをやめさせない限り、過剰サービスはなくならないのである。

賃上げ

さて、陣屋が行った安定稼働策の結果はどうなったのだろうか。

火曜日や水曜日に宿泊していた顧客の多くは前後に分散し、月曜日と木曜日の稼働率が上がった。経費を圧縮した効果が思いのほか大きく、導入した年の利益は、下がるどころか上がったのである。

また、労働時間を短くしたことで接客の質が上がり、顧客満足度が高まった点も大きく寄与した。課題であった離職率はもともと30％程度で推移していたが、休館日導入を経て2016年には4％まで低下したという。

その結果賃金を上げる余裕もできた。

旅館業界は他業種に比べて賃金が安い傾向があるが、そのため優秀な人材はなかなか旅館業を選ぼうとはしない。そこで思い切った賃上げを実行したのだ。優秀な人材だけを上げたのではなく、底上げ型の賃上げである。平均給与は2009年の288万円から2016年の398万円へと、38％も上げている。従業員のモチベーションは一気に向上したことだろう。

このあたりまで改革が進むとそれぞれの施策が相乗効果を生むようになってくる。業務改革と人事改革がかみ合ってきたのである。

3　IT化とAI活用

陣屋の改革で大きな柱となったのが、予約管理、顧客管理、勤怠管理、原価管理、売上分析、会計処理、レベニュー分析などを統合管理するシステム「陣屋コネクト」である。セールスフォース・ドットコム社のクラウドプラットフォームを利用して、基幹システムを社内で独自開発した。

接客スタッフ、調理スタッフなどが、自分たちに必要な機能を、70代の従業員も含めて全員が使いこなしている。そもそも出退勤の打刻をはじめとする全ての業務が、陣屋コネクトなしでは行えないようになっているのだ。

例えば、接客スタッフが顧客の到着をタブレットに入力すると、その情報はSNSを通じて全従業員に共有されるようになっている。入力はタッチキーボードで文字を入力するか、音声入力のどちらかで、ケースバイケースで選んでいる。音声入力については AＩのテクノロジーが活用されている。東芝の音声認識技術「RECAIUS（リカイアス）」を使い、自動的にテキスト変換してSNSに投稿される仕組みである。音声のまま手が空いた時間に聞くことも可能で、スタッフ間のコミュニケーション・コスト削減に役立っている。

また、到着した車のナンバーを自動撮影して、顧客を特定し、SNSに自動投稿する仕組みや、大浴場の温度・水位・入浴者数を測定し、風呂の点検指示を自動投稿することで、風呂の温度や清掃の頻度を最適化する仕組みなどが盛り込まれている。

これはIoTの領域のテクノロジーである。

陣屋コネクトは、スタッフ全員が試行錯誤しながら、より良い方法を模索することで日々進化している。システムは月に2回のペースでバージョンアップを行い、頻繁に機能の追加・修正を行っている。

「陣屋では、仕事の進め方がしばしば変わります。それに合わせ、どんどんシステムの中身も変わるのです。従業員はそうした状況に慣れていますし、バージョンアップ時に不具合があってもあまり気にしない。問題が起きても、お客さまに迷惑がかからないように自分たちで工夫し、フォローするのが当たり前という感じなのです。導入から8年ほどで、『新しいものへの拒否感』は、かなり薄れてきたと実感しますね」（宮崎富夫氏）

やさしいテクノロジー

第1章でも触れたように、働き方改革の源流のひとつに第4次産業革命がある。AIやIoTというと、それを便利に使いこなすイメージよりも、テクノロジーの進化についていけないことの不安感が先立つかもしれない。

しかし、新しいテクノロジーというものは、意外にやさしい顔つきで、ユーザーフレンドリーにやってくるものなのかもしれない。

事実、陣屋ではすべてのスタッフが必要な機能を使いこなしているのである。

よく知られた事例だが、徳島県上勝町の㈱いろどりもそうだ。

日本料理を美しく彩る季節の葉や花を出荷する「葉っぱビジネス」の担い手は地元のおばあちゃんたちであるが、パソコンやタブレット端末を使いこなしている。全国の市況情報が集約されている「上勝情報ネットワーク」にアクセスして分析を自ら行い、市場ニーズに合った商品をタイミングよく出荷することで年収1000万円を超える猛者も出ているという。

テクノロジーは、これまでやってきたタスクを確実に軽減してくれる。

そして付加価値を伴うような新しい仕事を生み出してくれる。

ネットワーク化

陣屋においてテクノロジーを最大限に活用した経営改革を展開した結果、そこに新たな地平線が見えてきた。

「陣屋コネクト」という旅館業の統合管理システムを、全く資本関係がない同業他社に活用してもらうということである。すでに㈱陣屋コネクトを設立し、外販を進めているが、利用している宿泊施設は北海道から九州・沖縄まで全200施設に達している。

陣屋コネクトをベースとして作り上げた同業他社との信頼関係をもとに、さらなる経営改革をともに進めていくための「JINYA　EXPO」というプロジェクトを立ち上げていて、「食材」「備品」「労働力」「部屋」について、お互いに交換・助け合いできるような仕組みをＩＴベースで作り上げている。また、集中購買の仕組みを自動化して手間なく調達力を強化する取組をはじめている。

ネットワークが広がり、参加旅館が増えて、使われれば使われるほどＡＩの機械学習が進み、より利便性が高い共同システムになってゆく。

これまでの宿泊業は家業として単店で細々と営業をするか、立ち行かなくなった旅館を買収してグループ化し、規模の生産性を追求するかという選択だったが、そこに新たな規模の生産性の恩恵を受ける方法が出来上がったのである。

陣屋ではすでに繁閑期が異なる旅館に料理人を出向させる取組をはじめているという。ひとつの旅館では原則料理長は一人であり、その下に成長した料理人がいたとしても上が抜けない限りトップを任される機会はない。人材交流機会があれば出向先で料理長としての経験を積む機会もできるだろう。

これもひとつの働き方改革と言えるかもしれない。

4 付加価値のある人材を育てる

働き方改革で忘れてはならないのが、付加価値がある人材を育てることである。

ダイバーシティ経営を実践するのも、環境変化に適応した、より優秀な人材を集めるためであり、仮に働き方に制約があったとしても、働き方を改革することでそのような人たちが活躍できるならば、それが企業の競争力を高められるからである。

陣屋の場合、注目すべきポイントが2つある。

ひとつは賃金を上げたこと。これによって異業種と優秀な人材の獲得競争を行う下地ができた。社員だけでなく、パートタイマーについても一律に最低時給を底上げしているので、より優秀な人材が集まりやすくなっている。

もうひとつは週に1回研修を行っていることである。

火曜日・水曜日は休館日なので、明けた木曜日の午前中は顧客がいない。この時間を活用してサービス研修会を行っている。中堅チームと新人チームとに分かれた60分間の研修で、交替で社内講師役を務めることで自分の担当部分の振り返りや、意思伝達のトレーニングも兼ねるものとなっている。ホスピタリティに関することはもちろん、旅館業という日本文化を演出した業態であることから、時には日本文化に関するテーマも研修で取り上げているという。

毎週1回というペースで研修を行っている企業はあまりお目にかかれない。1回ごとは小さな学習かもしれないが、それが毎週積み上がれば大きな差となって表れる。

ちなみに陣屋では「日本文化を学べる」ということに魅力を感じて、航空会社に客室乗務員として勤務していたタイ人女性が客室係として入社している。インバウンド観光が拡大して、タイからも2016年には年間約90万人の観光客が日本に訪れている（日本政府観光局〈JNTO〉）。その日本に着物を着た自国の客室係がいれば、それは大きな付加価値であり、行ってみたいと思わせるに十分な魅力だろう。

学習する社会

働き方改革は、学習や教育訓練にどのような影響を与えるのだろうか。

単純に考えれば、長時間労働が改善されることによって、自己啓発をする時間的余裕が生まれるため、学習・教育訓練が促進されると思えるが、実際はそうはいかない。

そもそも企業内教育の中心であるＯＪＴがかなり危機にさらされているのだ。

人手不足の環境では、退職による欠員を補充できないため、周囲の人々に業務負荷がかかり教育訓練はないがしろにされる。一方で労働時間の短縮が進めば、ＯＪＴの時間も削減されて、やはり教育訓練はないがしろにされる。これはすでに統計でも検証されていて、２０１５年から２０１６年にかけては、業務負荷の増大によりＯＪＴの機会が減少していることがわかっている。

では個人の主体的な学習が進むかというと、２０１６年1年間に全く自己啓発活動をしなかった人の割合は、社会人の72・8％に及んでいる（パネル調査）。つまり学習習慣がないという人が多いのである。過去に行った調査で学習しない理由を尋ねたことがある。第1の理由は仕事が忙しくて学習する時間がなかったということになるが、実は分析してみると学習行動と労働時間には何の相関関係もなかった。

人生１００年時代が目前に迫ってきて、人は何度かのキャリアチェンジを経験することになるだろうが、学習習慣がないままではうまくいかないだろう。

一方で明るいきざしもある。

ＩＣＴやＡＩの進化によって、あるいはＶＲ／ＡＲの技術進化によって、学習支援のテクノロジーが発展したのである。

名だたる講師陣の名講義がいつでもどこでも安価で受講できる。学習者のレベルに合わせて学習する内容や順序をカスタマイズしてくれる。学習習慣がない人でも飽きずに学習が継続できるようにエンターテインメント性を持たせたプログラムにしてくれる。

またこれまでのように、長い年月を積み上げなくても、AI等の手助けによって、短い時間で必要なスキルを習得できるようにしてくれる。学習支援環境は相当に良くなるはずである。

2017年、政府は骨太の方針に「人材投資を通じた生産性向上」という副題をつけて、重要政策と位置付けた。また新たな看板政策として「人づくり革命」を掲げ、社会人の学び直しなどを今後の成長戦略の柱としている。

それは逆に、学習する社会がつくれるかどうかが、働き方改革の成否を分けると感じているからではないだろうか。

テクノロジーが進んだ未来には、結果として新しいワークモデルが誕生するのではないだろうか。

単純な職務はAIやロボットが代替してくれるので、人間はより付加価値の出る職務を担当することになるだろう。それは不安でもあり楽しみでもある未来だ。

新しいワークモデル

リクルートワークス研究所では、「Work Model 2030―テクノロジーが日本の『働く』を変革する―」をまとめ、「テクノロジスト」と「プロデューサー」という2つのワークモデルを掲げた。

図6にあるように、テクノロジストとは、特定の専門性を狭く深く持った高度な専門職であり、テクノロジーを生み出し、活用して、仕事の付加価値を高める人たちである。例えば、新しいソフトウェア、プログラミング言語を開発するイノベーター、定型業務を自動化し、経営上の意思決定などの非定型業務を迅速に執行できる事務職、テクノロジーを自在に駆使できる現業職、感情の機微に臨機応変に対応して目の前の人を幸せにする対人サービス職のように、高度に専門化した知識・スキルを有した人である。専門性を深める方向にキャリアが継続しており、レベルが高ければ、

図6 ● テクノロジストとプロデューサー

	プロデューサー	テクノロジスト
職務特性	複数の専門を持ち、テクノロジストらを活かして、新しい価値やビジネスモデルを創出する。収益を生み出して、富を増やす	特定の専門性を狭く深く持った高度な専門職であり、テクノロジーを開発・活用、仕事の付加価値を高める
代表的な職種例	・起業家 ・経営者 ・クリエイティブディレクター ・プロジェクトマネジャー	・テクノロジーイノベーター ・テクノロジー関連プロフェッショナル（運用支援、保守） ・ビジネス関連プロフェッショナル（事業管理、営業・販売） ・ソーシャル関連プロフェッショナル（対人サービス）
テクノロジーとの関係	・ICTの進化でいつでもどこでも誰とでも仕事ができる ・IoTが浸透して、ビジネスが業種・業態を超えて拡大する ・AI、VR／ARを組み込んだ会議システムやチャットなどのアイデア創発的なツールの進化でクリエイティブを助けられる ・クラウドを活かして、資金や受発注を獲得できる	・AI・ビッグデータ活用によって、定型業務を効率化して、判断業務の高度化を図る ・AR・VRによる経験・勘のデジタル化、スピード感のある習得 ・テクノロジーを活用し、ヒューマンインテリジェンス（人と人との接点で価値を生む、マルチモーダルな介入）を追求する

※テクノロジストについて言及したDrucker, P.F.（2002）「Managing the Next Society」によると、テクノロジストは、ツールを建設的に用いるために、テクノロジーの膨大な歴史を知らなければならないし、彼自身や彼が習得したものを人間や社会との関係において判断しなければならない、としている。
出所：リクルートワークス研究所「Work Model 2030—テクノロジーが日本の『働く』を変革する—」2016年

顧客はローカルにもグローバルにも広がる。

一方、プロデューサーとは、複数の専門領域に精通し、テクノロジストらを活かして、新しい価値やビジネスモデルを生み出す人である。彼らは自身のアイデアを展開するために、グローバルにもローカルにも活躍の場を求める。その活躍が、経済全体を活性化させて、所得増加をもたらす。

いずれも進化したテクノロジーをうまく活かし、付加価値を生み出している人々だ。長期的なキャリア形成を考えるときにこれら2つの姿を想像してみて、ビジョンを描いてはどうだろうか。

働き方改革が進んだ未来には、このような2種類のプロが活躍していることになるかもしれない。

テクノロジーが生み出す次の夢

陣屋の宮﨑富夫氏は旅館の仕事を「夢を持てる仕事」にしたいと語る。

「従業員が次のステップを目指せる。ひとつの場所に縛られて働くのではなく、いろいろな可能性が試せる。世界一になれる。そんな夢を持てる仕事になれば、多くの人材をひきつけられるのではないでしょうか。そのためには、経営者の意識改革が欠かせないと思うのですよ。経営者が古い考え方を捨て、旅館のあり方や働き方を変える。それによって業務効率を高め、きちんと利益を上げる。そうすることで、旅館業が働きがいのある仕事に変わる基盤をつくれるのだと思います」（宮崎富夫氏）

私は彼の話を聞きながら、陣屋コネクトというシステムと旅館ネットワークがあれば、もしかしたら従業員が旅館の経営者として開業できる道が開かれるのではないかと考えた。

旅館業では今後、所有と経営の分離が進むだろうから、先祖代々の土地持ちでなくても、多額の資金を持っていなくても、旅館経営を担う道はあるだろう。そして陣屋コネクトという経営支援があれば、旅館経営に関する長い経験がなくても、このITシステムの支援や共同の仕組みを使って収益の上がる旅館経営ができるはずである。

元湯・陣屋というひとつの旅館の経営改革の事例から、働き方改革の内容とイメージを探ってみた。働き方改革に取り組む以前の2008年の陣屋のEBITDA（税引前当期利益＋支払利息−受取利息＋減価償却費）はマイナス5930万円

（ＥＢＩＴＤＡ率マイナス18・２％）だったが、改革後の２０１６年にはプラス１億２４６０万円（ＥＢＩＴＤＡ率27・８％）となり、宿泊業においては飛びぬけた率にまで達している。

働き方改革にはストーリーが必要だ。

そしていくつかの勘所があり、ステップがある。業務改革と人事改革を行ったり来たりしながら、可能性が膨らんでいく。

業種を越えて、陣屋の事例は参考になるのではないだろうか。

第3章

働き方改革はマネジメントの進化を求める

第1章と第2章では、働き方改革の全体像を俯瞰的にまとめた。

ここからは本書のメインテーマである、働き方改革を踏まえたマネジメントのあり方に焦点をあてて考えていきたい。

1　働き方改革の成否は現場のマネジメント次第

働き方改革の好循環モデル

ダイバーシティ経営や働き方改革は現場のマネジメントに進化を求める。良くも悪くも中間管理職のマネジメントに注目が集まることになっているのである。

図7を見ていただきたい。

このモデルは東証一部上場企業の人事部門に対して実施した調査（人材マネジメント調査　リクルートワークス研究所　2015年）の結果から統計的手法を使って導き出したものである。

外側の円に沿って置いてある数値は相関係数であり、例えばダイバーシティ＆インクルージョンについて取り組んでいる企業は、働き方改革にも取り組んでいる企業が

図7 ● 働き方改革の持続的生産性向上モデル

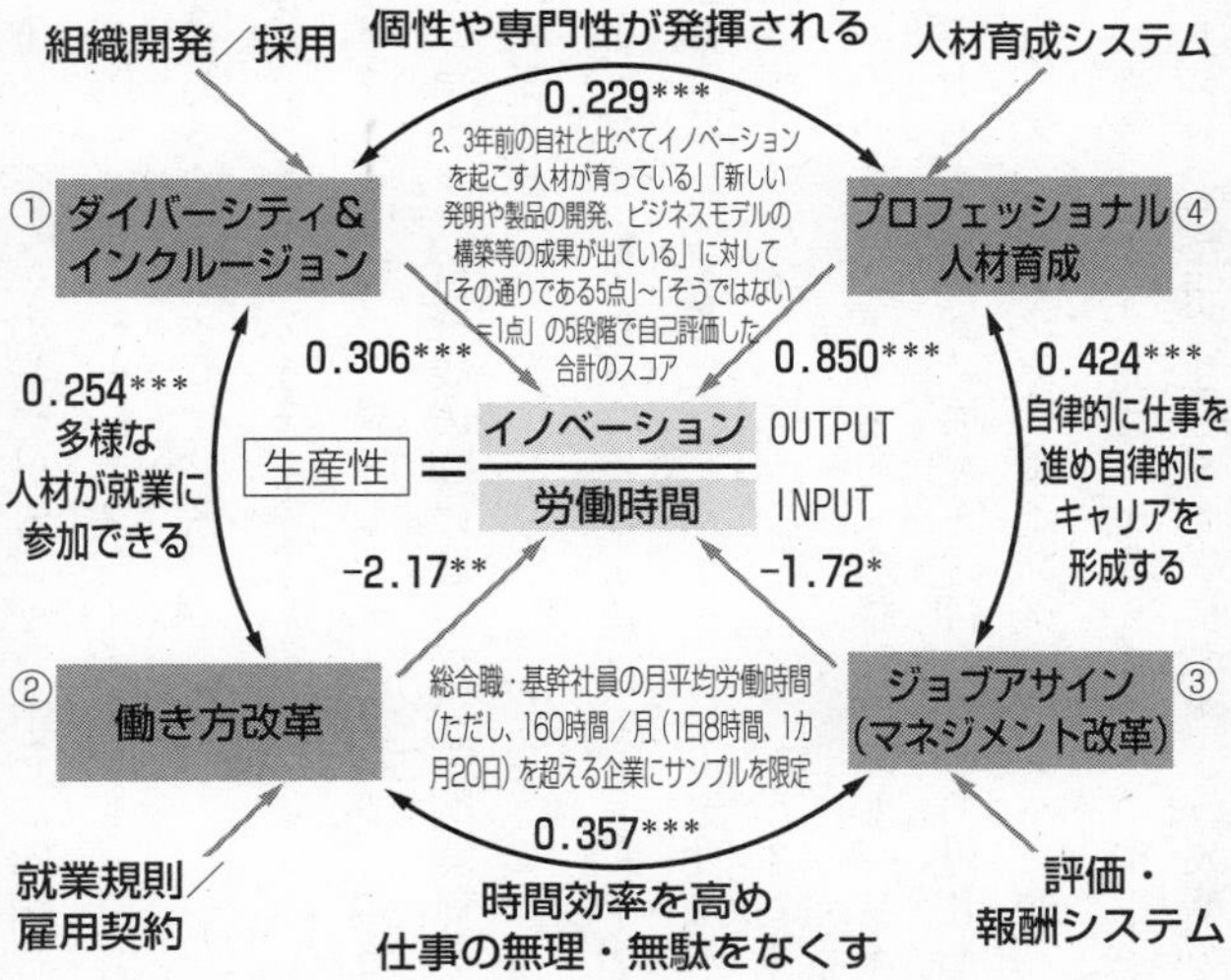

詳細）2変数間の関係をみている。↔は相関係数、→は回帰係数（定数項含む）
***1%、**5%、*10%で統計的に有意
変数の欠落により、サンプルサイズが異なる
ダイバーシティ指標には障がい者雇用を含まない（法定雇用率があるため）

①「女性活躍推進関連（管理職数・比率・新卒採用者数・比率等）」「外国人活用関連（管理職数・比率・新卒採用者数・比率等）、シニア人材活用関連（定年後再雇用者数・比率）のそれぞれの指標の目標を設定している場合に1を値をとる変数を足し合わせたスコア（0～3）
②2、3年前の自社と比べて「時間当たりの生産性を意識した働き方が浸透している」「業務プロセスの見直し、マニュアル化、コスト削減等の成果が出ている」に対して、「その通りである5点」～「そうではない=1点」の5段階で自己評価したスコアと、時短に対する取組みの度合い（1～5点）を合計したスコア
③2、3年前の自社と比べて「社員には1人ひとりの能力に見合った仕事が与えられている」「社員1人ひとりに合わせたキャリア形成が実現できている」に対して、「その通りである5点」～「そうではない=1点」の5段階で自己評価した合計のスコア
④2、3年前の自社と比べて「社外に誇れる専門家・プロフェッショナルが育っている」に対して、「その通りである5点」～「そうではない=1点」の5段階で自己評価したスコア

作成：リクルートワークス研究所／大久保幸夫、久米功一
データ出所：リクルートワークス研究所「人材マネジメント調査」2015年

多いということを示している。また中心に向かう矢印に添えられている数値は回帰係数で、例えばダイバーシティ&インクルージョンに取り組むとイノベーションを促す関係にあることを示している。

では詳しく見てみよう。

まずダイバーシティ&インクルージョン、働き方改革、マネジメント改革、プロフェッショナル人材育成の間には、正の相関関係があることがわかる。これは直感的にもわかることだ。

つまりダイバーシティを進めれば、どうしても働き方改革を行う必要が出てくる。働き方改革を進めるには、マネジメントを変える必要がある。働き方改革を促進するようなマネジメントに変わると、プロフェッショナルが育ちやすくなる。そしてプロフェッショナルが増えると、多様性が増して、ダイバーシティが進むということである。これらの関係がぐるぐると回りながら進化してゆくのである。

一方、ダイバーシティ&インクルージョンは、組織に多様な視点を持ち込むことでイノベーションを促進する効果があり、プロフェッショナルが増えることも同様にイノベーションを加速させる。そして働き方改革が進めば、あるいはマネジメントが効率化を求める方向に変われば、労働時間は（マイナスの回帰係数がついているので）減る。

これらを分子と分母に置けば、生産性の数式となるため、4つの人事施策を関連付けて進めれば、結果として労働生産性が向上するということを示しているのである。

それならばこれらの項目に目標となる数値をKPIとして設定して、推進を図ればよいということになる。

働き方改革に関する生産性向上の好循環を回そうとしたときにボトルネックになるのが、現場のマネジメントだと言われている。私も働き方改革やダイバーシティ経営に関して企業から勉強会の講師を依頼されることがあるが、決まって聞く話が「現場のマネジャーが総論賛成・各論反対で動いてくれない」「理解しているとは思うが腹落ちしていないようだ」ということである。

現場を預かるマネジャーは業績責任を負っており、多忙でもある。突然理想論のような残業削減を命じられても納得できないということはむしろ自然なことだ。なぜ業績を犠牲にして早く帰らなければならないのか、正直わからずにとまどっているのだろう。

確かに目の前の真実として、「あと一件営業に行けばそのぶん売り上げは上がる」と思う。それがわかっていて早く帰ることにどういう意味があるのかわからないかもしれない。

しかしマクロに見ると、労働時間と業績には実は相関関係はないということがわかっている。経営が目指しているのは、事業メカニズムとして持続的に生産性が向上するように改革することなので、そもそもマネジャーと経営者では狙っているものが違うのである。

経営陣が働き方改革やダイバーシティ経営を戦略ストーリーに仕立てて、わかりやすくマネジャーに説明すれば、理解されるだろうが、現実には「経営方針だから」「法律を遵守するため」といった表面的な説明しかなされていない場合が多い。それだと一応は指示に従うが、どこかで抜け穴を探すか、中途半端な取り組みになって、しばらく経つと元に戻るということになりかねない。

経営トップの頭のなかにあるのは、ダイバーシティ経営や働き方改革を通じて、生産性を上げ、イノベーションを促進することで、持続的に企業競争力を上げるということである。そのためにマネジメントのあり方や人材育成のあり方を適切に変えたいと思っているのだ。

今日稼げるかもしれない売り上げを犠牲にしてでも、より良い未来を得たいということである。

経験則からの反対

マネジメントには慣性の法則が働く。マネジャーのマネジメント行動は、先輩諸氏が行ってきたマネジメントの観察から学んだものであり、自らが受けてきたマネジメントを再現しているものである。

たまたまハードマネジメントの上司のもとで若い時代を過ごした人は、それをモデルとして同じように再現するか、もしくは反面教師としてソフトなマネジメントを志向するかであるが、いずれにしても経験が大きく影響するのだ。

現在議論されているダイバーシティや働き方改革というのは、これまでの経験に照らし合わせても前例がなく、ロールモデルも目にしたことがないので、どうすれば正解なのか、正直わからない。

「いままでに経験がない」ということが理由であれば、いったんその世界に真剣に向かい合ってみると状況は一変するということでもある。

いくつかの企業で耳にした話だが、労働時間の削減や女性の管理職登用で強く反対していた部課長層が、仕方なく取り組みをはじめると、目に見える成果が上がった瞬間にがらりとスタンスが変わって、むしろ先頭を切って推進する側にまわるという。経験則は新しい経験が加わったときに変化するのである。

日本人にもファンが多いマネジメント論研究者で、カナダのマギル大学デソーテル経営大学院のヘンリー・ミンツバーグ教授は、マネジメントはアート（主観）、クラフト（経験）、サイエンス（科学）の3つを適度にブレンドしたものであるべきだと語っている（『MBAが会社を滅ぼす　マネジャーの正しい育て方』日経BP）。労働時間を無理やり減らすことに対して、マネジャーはこれまでの経験から無理に行うべきでないという主観を生み出す。経営者は経営者としての経験と自らの主観から、今こそ残業を削減するべきだと考える。解決する方法は、同じ経験を共有するか、モデルにあるように科学的に分析して数値で効果を示すことである。そのどちらか、できれば両方を実行して、マネジャーが「働き方改革を今行うべき」という主観が持てるようにしなければならないだろう。

制度と運用

働き方改革を推進するにあたり、マネジャーの言動は、ストップをかけてしまうボトルネックにもなれば、強力に後押しをする促進剤にもなる。

過去の人事制度改革もそうであったが、人事制度を改定するだけでは現実は何も変わらず、現場のマネジャーが制度を適切に運用して初めて狙っていた効果を上げることができる。

例えば2000年頃から流行した「成果主義」は、現在では影をひそめてしまっている。成果に応じて賃金を払うということは理念として反対するべきものではないが、どのようにマネジャーが運用するかという部分において部下の信頼を勝ち取ることができず、多くの部下が評価に納得できず、いつの間にか死語のようになってしまった。

成果主義は、保有能力や労働時間で報酬を決めるのではなくて、成果で報酬を決める制度であり、社員の意欲を高めることを目的とするというのが建前だ。現実には年々人件費が上がっていく職能資格制度による報酬決定を嫌忌した企業が積極的に導入したというところが本音であり、成果主義を運用するための十分な準備をしてこなかったために、運用で失敗してしまったのである。

マネジャーが成果を評価するということについて必ずしも十分なスキルを持っていなかったために、印象が入りこんでしまって、好感度の高い部下の評価を高くしているように見えてしまった。そして低い評価をつけた部下にフィードバックするときに、うまく説明できず、持ち点が足らないことのせい（相対評価の問題）にしたり、部下が納得のいかない成果評価の仕方を持ち出したりということで、かえって部下の意欲を下げてしまった。

職能資格制度と比べて成果主義は運用が難しい。ダイバーシティ経営や働き方改革も十分な準備も対策もなく「あとは現場でなんとかしてほしい」ということにしてしまうと同じ失敗を繰り返すことになりかねない。

2　環境変化のなかで浮上したマネジメントスキル向上という人事課題

マネジメントスキルは人事課題

実はミドルマネジャーのマネジメントスキルは、近年大きな人事課題と認識される

図8 ● 上場企業の人事課題

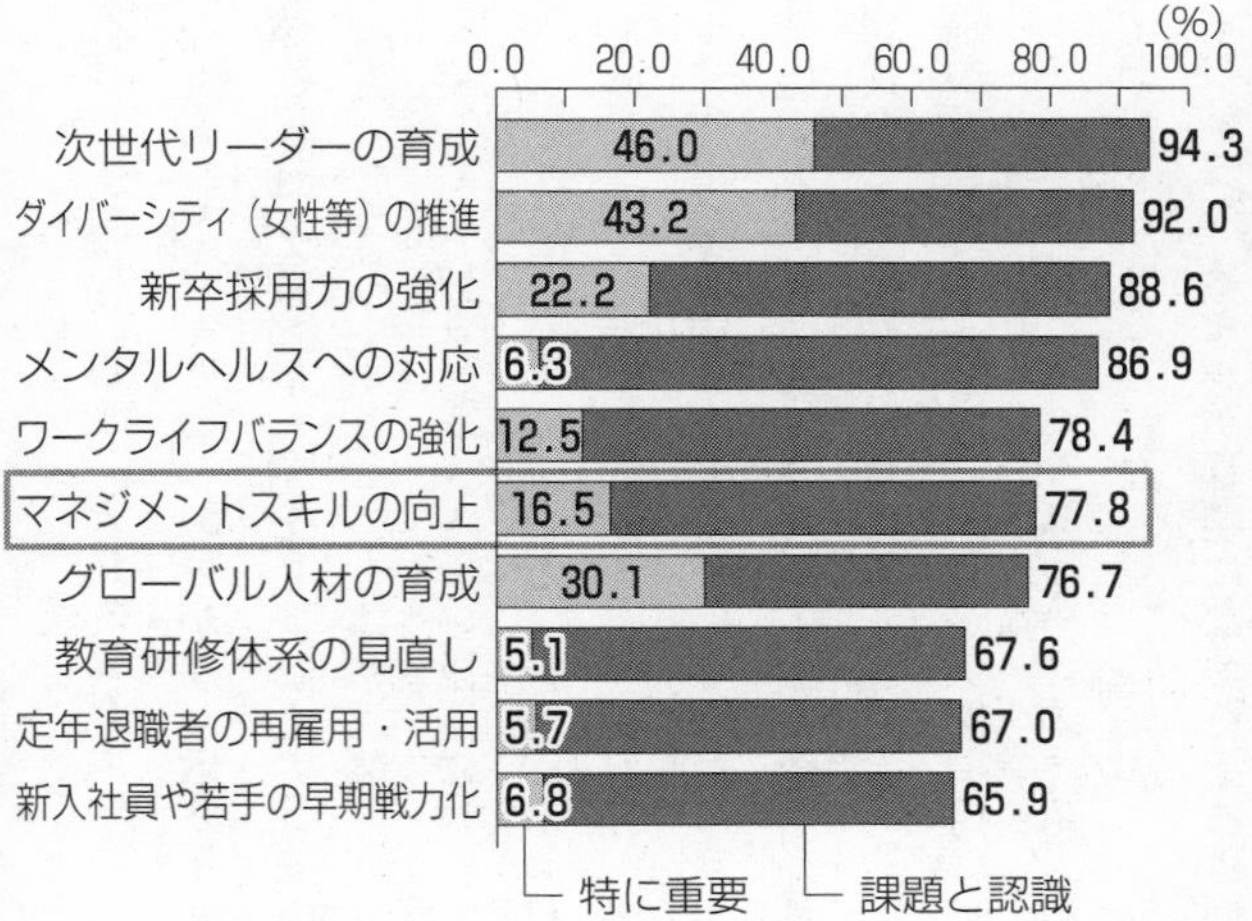

出所：リクルートワークス研究所「人材マネジメント調査」2015年

ようになってきている。

図8は東証1部上場企業の人事部門に対して調査した結果で、人事課題と認識しているものと、そのなかでも特に重要な課題としているもの（3つ選択）を尋ねている（人材マネジメント調査　リクルートワークス研究所　2015年）。これによるとマネジメントスキルの向上を人事課題として認識している企業の割合は77・8％で第6番目、重点課題としては16・5％で第5番目となってい

る。

課題の大きさとしては「ワークライフバランスの強化」や「グローバル人材の育成」と同程度ということになるのでかなり重要な課題と認識していることになる。

日本経団連が経営層に対して実施した「ミドルマネジャーの現状課題の把握等に関する調査」（2011年）によれば、「部下のキャリア・将来を見据えて必要な指導・育成をする」というマネジャーの役割に対して、60・8％の回答者が、自社のマネジャーができていないとみている。経営層から見てもマネジメントの強化は重要な課題なのである。

マネジャー本人はどう考えているのだろうか。

産業能率大学による「第3回上場企業の課長に関する実態調査」（2016年）では、課長としての悩みについて、「部下がなかなか育たない」（42・7％）、「部下の人事評価が難しい」（27・3％）、が上位項目に挙がっている。

働き方改革以前から、マネジャー本人も、経営者も、人事も、それぞれに課題を認識していたということになる。

マネジメントスキルが課題になる背景には何があるのだろうか。

プレイングマネジャー化

10年から20年前のマネジャーと現在のマネジャーとの最大の変化をあげるならば、プレイングマネジャー化が進んだことだろう。前出上場企業の課長に関する実態調査によれば、上場企業の課長でプレイヤーとしての役割を持っていないという人はわずか0・9％しかいない。そしてプレイヤーとしての活動がマネジメントに支障があると答えている人の割合は「とても支障がある」「どちらかといえば支障がある」を合わせると58・3％にも達するという実情である。

プレイングマネジャー化が進んだことには理由がある。

まず現場の仕事が高度化したこと。管理職になる前の若手だけでは高度な業務をこなしきれないため、管理職になった以降も引き続きプロフェッショナルとして実務を担当するようになった。

もうひとつは現場の組織構造がフラットになり、幹部層の階層が増えたこと。課長、部長、役員というシンプルな階層ではなく、部長の先にいくつも階層ができた。その結果、課長には以前ほどの決裁権がなくなり、デフレ化した。

そのため、組織の自然な流れとしてプレイング化が進んだのである。

プレイングマネジャーには、一般社員から課長に昇進するときに、違和感なくスムーズに対応できるというメリットもあるが、逆にこれが成長機会を奪っているようにも思う。

本来、管理職昇進というのは大きなトランジション（転機）である。自分自身で成果を上げていた立場から、他者を使って成果を上げさせる立場へと大転換するのである。必要な能力・スキルが違うため、なかには優秀なプレイヤーが管理職になった途端低迷するということも起きるが、変化を成長のチャンスととらえて向き合うことで一皮むける成長を実現する人も多々いる。

自分ひとりでできることには限界があり、大きな仕事を動かそうと思えば他者を使うしかないのだが、その世界に行く覚悟を決めるタイミングがなくなり、成長を鈍化させてしまうのである。私自身が以前に行った課長・部長層を対象とした調査（人と組織の関係に関する調査　リクルートワークス研究所　2007年）のデータを分析した結果によれば、プレイングマネジャーの場合、昇進当初は高い成長実感があるのだが、7年目を過ぎたあたりから急速に成長実感があると回答する割合が下がる。壁にぶつかるのであろう。

また、プレイヤーとマネジャーを兼ねることは、組織に求められている成果目標を、自ら上げることによって達成しようとする行動を促進してしまう。部下が達成できなかった目標について、それを支援するのではなく、自分で穴埋めしてしまう。短期的にはそれでいいのかもしれないが、人材育成という観点では問題が残る。

さらに、多くのマネジャーは複数の査定評価項目を持っているため、仮にひとつの項目で成果があがらなくても、他の項目で目覚ましい成果を上げれば、良い評価を得ることができるのである。例えば、「部下の育成」が評価項目のひとつにあって、部下の育成は苦手だと思うマネジャーがいたら、個人業績でカバーすることで、苦手なことから逃げることができてしまうのだ。

これではマネジャーの成長にはつながらないであろう。

過重負荷

プレイヤーとマネジャーを兼ねることの負荷だけでなく、マネジャーの仕事そのものが重くなっているという事実もある。

3年前と比較した職場の変化（前出「上場企業の課長に関する実態調査」）として

は次の結果が出ている。

業務量が増加　56・4％
成果に対するプレッシャーが強まっている　34・3％
コンプライアンスのための制約が厳しくなっている　33・5％
職場の人数が減少　29・2％
仕事の納期が短期化　19・7％
職場の人間関係が希薄化　19・5％
部下のモチベーションが低下　19・2％
メンタル不調を訴える社員が増加　16・1％
業務の偏りが大きくなっている　15・1％
非正社員が増加　11・8％
海外との取引が増加　11・7％
家庭の事情で、労働時間・場所に制約がある社員の増加　7・8％
外国人社員が増加　6・5％
あてはまるものはない　13・4％

第1番目に業務量の増加がきているように、マネジャーの仕事は日々増え続けているように見える。以前より成果を上げることへのプレッシャーも大きく、部下は多様化してマネジメント負荷がかかり、メンタルヘルスの問題に悩まされ、コンプライアンス関連の対応に追われる姿が浮かんでくる。

特にメンタルヘルスやコンプライアンスは以前にはなかったテーマなので、上司から学ぶこともできず、ストレスを抱えるテーマだろう。

実際、前出した人と組織の関係に関する調査では、メンタルヘルスへの対処について、11・4%のマネジャーがこの役割に対して納得していないと答え、13・4%がはずしてほしいとしている。

現在、マネジャーには過重負荷がかかっており、マネジャーの平均週労働時間は44・7時間（全職種平均37・7時間）、月残業60時間以上している人の比率は11・7%（全職種平均7・5%）となっている。

働き方改革のサイクルを回すために、マネジメントの変革が求められているが、そのためにもマネジャー自身が長時間労働から抜け出さなければいけないという皮肉な現状となっている。

3 テレワークの衝撃――管理の論理を超えて

働き方改革のなかには、さらにマネジメントを難しくする要素が含まれている。それはテレワークである。

部下がテレワークをするということは、目の前からいなくなるということだ。視界に入るところで部下を観察しながらマネジメントをしてきた人には、どうしたらいいのかわからなくなる大変化だろう。目の前にいる部下のマネジメントと、遠隔にいる部下のマネジメントでは、比較にならないほど後者の方が難しい。これは離れた拠点のマネジャーを兼務した経験のある人は実感していることだろう。あなたの部署ではすでにテレワークを導入しているだろうか。

プロセス評価から結果評価へ

現在テレワークは、情報通信業、研究開発・技術職、部課長クラスに偏って利用されている傾向があるが、今後は急速に普及していく可能性が高い。

前出の国土交通省の調査でも、雇用型テレワーカーの7割がプラスの効果があったと回答しているからだ。具体的には、

- 業務の効率が上がった　49・4％
- 自由に使える時間が増えた　44・3％
- 通勤時間・移動時間が減った　39・7％
- 家族と過ごす時間が増えた　19・4％
- 突発的な事態へ対応できた　19・2％

などである。

しかしテレワークの普及は、マネジャーからみた場合は悩みも多い。まずはいかにして部下を管理するかということだ。目の前にいない部下が本当にまじめに仕事をするだろうか？　もしかしたらさぼっているのではないかという疑念が膨らむかもしれない。実際にそのような心配から、仕事をしている様子を映す仕組みを導入している会社もある。しかし実際は会社に来ているからといって集中して仕事をしているかどうかはわからないものだ。それを疑いはじめるとテレワークは前に進まない。会社と社員の間に信頼関係があり、性善説で考えなければ冷たいテレワーク

になってしまう。

ただし、性善説以前に評価制度を変えるという大事な問題がある。時にはさぼってもいい、その代わり成果でしっかりと評価するという方法にハンドルを切るのである。

日本企業の多くはそれほど成果によって評価・考課をしているわけではない。例えば東証一部上場企業に、総合職・基幹社員の非管理職の評価項目について調査したところ（前出人材マネジメント調査）、第1番目の項目として評価しているのは「職務遂行のための具体的な行動や貢献」、第2番目は「仕事に対する姿勢や態度」であり、第3番目に「果たした役割や達成した成果」という結果だった。

行動→姿勢→成果、という順だ。成果を第1の評価項目にしている企業はわずか4・5％にすぎない。

このような評価制度である限り、テレワークが日常になると考課制度そのものが運用できなくなる可能性がある。

結果として仕事の成果で評価点をつける方向に制度を変える以外に方法はなく、制度を変えれば日常的な勤務態度についても最低限の管理でよくなる。

管理職は読んで字のごとく管理する仕事だが、テレワークはその価値観の変化を求めている。管理の論理を越えて「真の」成果主義へ、という変化である。

自分で仕事のやり方を決められる

テレワーク制度が適用されていてもテレワークをしていない人がいる。なぜ利用しないのだろうか。

統計的手法を使ってこれを分析してみると、「自分で仕事のやり方を決めることができた」という人ほどテレワーク制度を利用しているという結果が導き出された（リクルートワークス研究所「働き方改革の進捗と評価」2017年）。

逆に言えば、頻繁に上司等に確認をしないと仕事が前へ進められず滞ってしまう仕事の場合は、いくらテレワーク制度があっても使いようがないということである。これはテレワークの問題を超えて、効率的な働き方を実現するうえでの極めて重要な問題を語っている。

自己判断ができるか、否か。仕事の性格を問うているのだが、自己判断できるかはマネジャーがどの程度職務の判断基準を明確にして、部下に任せているかにかかわる。

いちいちマネジャーに判断を仰がなければならないのであれば、マネジャーが不在にするたびに仕事は滞っていることになるので、業務効率は上がらないはずである。マネジャーは仕事の任せ方もこの機会に見直すべきであることを、この分析結果は物語っているのではないだろうか。

4 そもそもマネジャーの仕事とスキルとは

人事課題となっているマネジメントスキルではあるが、意外に学ぶ機会は少ない。研修も、新任マネジャー研修や階層別研修として、ごく基礎的な説明があるだけで、マネジメントについて深く掘り下げた内容にはなっていないはずだ。

そもそもマネジメントとは何か？
マネジメントに求められるスキルとは何か？
少々勉強モードになるが、それを明確にしておきたい。

リーダーシップとマネジメントの混同

日常的な言葉である「マネジメント」だが、よくリーダーシップと混同される。その混同がマネジメントスキルというものをわかりにくくしているようだ。

P・F・ドラッカーは「マネジメントは物事を正しく行うことであり、リーダーシップは正しい事を行うことである」とその違いを説明している。

ハーバード大学経営大学院教授のジョン・コッターは、マネジメントとは「複雑な状況に対処すること（オペレーションの管理）」であり、行動体系として「計画と予算の策定」「組織再編と人員配置」「統制と問題解決」があるとしている。一方、リーダーシップは「変化に対処すること（改革の主導）」であり、行動体系として「方向性の設定」「人心の統合」「動機付け」があるとしている。

『7つの習慣』で知られるスティーブン・コヴィーは「マネジメントは手段に集中しており、どうすれば目標を達成できるかという質問に答えようとするものである。一方、リーダーシップは、望む結果を定義しており、何を達成したいのかという質問に答えようとするものである」と語っている。

リーダーシップはWHATを問い、マネジメントはHOWを問う。

マネジメントにはリーダーシップと違ってある程度の「正解」というものがあるわけだ。それならばどうマネジメントするべきかを覚えておかなければならない。

リーダーシップとマネジメントは車の両輪であり、どちらが上ということはない。若いときにはもっぱらリーダーシップを求められるが、年次が上がるにつれて、リーダーシップとマネジメントの両方を求められるようになるのである。

マネジメントという仕事

マネジメントは一般に「管理」と訳されるが、実際には、管理という意味合いの他にも、評価・分析・選択・改善・回避・統合・計画・調整・指揮・統制・組織化など様々な要素を含んでいる。これらすべてを統合したものがマネジメントだと考えた方が正しい。

マネジメントの対象は「ヒト」「モノ」「カネ」「情報」の4つである。企業はこれら4つのリソース（資源）を有効に活用し経営効率を最大化させるのである。

マネジメントを担当するのはマネジャーである。

前出ヘンリー・ミンツバーグ教授は著書『マネジャーの仕事』のなかで、マネジャ

図9 ● ミンツバーグによるマネジャーの10の役割

対人関係の役割	フィギュアヘッド	象徴的な長；法的、社会的性質をもった多数のルーチン責務を遂行する責任がある
	リーダー	部下の動機付けと活性化に責任がある；人員配置、訓練および関連責務への責任
	リエゾン	好意的支援や情報を提供してくれる外部の接触や情報通からなる自分で開拓したネットワークを維持する
情報関係の役割	モニター	組織と環境を徹底的に理解するため広範な専門情報（ほとんどが最新のもの）を探索・受信；組織内外の情報の神経中枢になる
	周知伝達役	外部や部下から受信した情報を自分の組織のメンバーに伝える；事実情報もあり、解釈が入り組織の有力者がもつ多様な価値付けを統合した情報もある
	スポークスマン	組織の計画、方針、措置、結果などについて情報を外部の人に伝える；組織の属する業種に関して専門家の働きをする
意思決定の役割	企業家	組織と環境に機会を求め変革をもたらす「改善計画」を始動させる；特定プロジェクトのデザインも監督する
	障がい処理者	組織が重要で予期せざる困難にぶつかったとき是正措置をとる責任
	資源配分者	実質的に、組織のすべての重要な決定を下したり、承認したりすることによる、あらゆる種類の組織資源の配分に責任がある
	交渉者	主要な交渉にあたって組織を代表する責任

出所：『マネジャーの仕事』ヘンリー･ミンツバーグ著　奥村哲史／須貝栄訳（白桃書房）より抜粋

ーのロール（役割）を、10項目に整理している。

これはミンツバーグ自身が、実際のマネジャーの活動に同行し、観察することで得られた情報を分析したもので、スタンダードな定義として今でも多くの場面で活用されている。

また、日本経団連は、ミドルマネジャーに求められる基本的役割として、マネジャーの仕事を整理している。

「ミドルマネジャーは平たく言えば、部下を監督し、組織目標の達成に向けて責任を持つ存在である」としたうえで、4つの視点から役割を定義している。

①情報関係

絶えず社内外の情報を収集し、自社をとりまく状況を分析するとともに、直面する課題や商機を明確にしながら、必要な情報を経営トップに迅速かつ的確に伝達し、上司や部下との間で共有すること。

②業務遂行関係

日常業務の管理や組織が直面する課題を解決すること、新規事業・プロジェクトの推進やイノベーションの創出、経営のグローバル化などへの対応、という3つがある。

③対人関係

競争力の源泉はヒトであり、組織の継続性から考えた場合、部下の指導・育成と働きやすい職場環境づくりは、ミドルマネジャーの最も重要な役割である。

④コンプライアンス関係

個人情報保護法への対応や、内部統制、機密情報の漏えい対策、適切な労働時間管理、労働関連法規の遵守、メンタルヘルス対策などは、総務部や人事部などが主体となって組織的に対応することとあわせて、現場を管理するミドルマネジャーも広くその責任を負っている。

（日本経団連「ミドルマネジャーをめぐる現状課題と求められる対応」2012年／一部抜粋）

日本の現状を踏まえた定義なので、より実感に近いのではないだろうか。

このようなマネジャーの仕事をするために必要となるスキルは何であろうか。

求められるスキル

ハーバード大学教授のロバート・カッツが1955年に発表した古典的なマネジメント論に「カッツの理論」がある。

カッツは、マネジャーに求められるスキルとして以下の3つを挙げている。

①テクニカルスキル＝業務遂行能力
（自らが担当する業務を遂行するのに必要な専門知識や技術のこと）

②ヒューマンスキル＝対人関係能力
（上司や部下、同僚、顧客、得意先などの相手方と上手くコミュニケーションをとる能力）

③コンセプチュアルスキル＝概念化能力
（周囲で起きている事象や状況を構造化し、問題の本質をとらえる能力）

マネジメント研修ではカッツの定義が頻繁に活用される。頭の片隅に置いておいてもいいだろう。

「ジョブアサイン」と「インクルージョン」

マネジャーの仕事と求められるスキルを概観したところで、改めて働き方改革を推進するマネジメントについて考えてみよう。

キーワードは「ジョブアサイン」と「インクルージョン」だと私は考えている。

すでに述べたように日本経団連はマネジャーの仕事を、部下を監督し、組織目標について責任を持つことだとしたうえで、業務遂行を役割として置いている。これがジョブアサインである。

マネジャーは多忙であり、安易に新しい役割を追加しても機能しない。現在ある役割を進化させて働き方改革に適応させていく必要がある。

組織目標の設定から、仕事の割り当て、そして目標達成へ向けての支援や仕上げという広義のジョブアサインプロセスのなかに、情報関係や対人関係という役割も深く関係してくる。

ジョブアサインについては第4章で詳しく分析していくことにしよう。

もうひとつはインクルージョンである。多様な人材に、個性を活かして活躍してもらうためには、現在持っているヒューマンスキル（対人関係能力）を少しバージョンアップしておく必要がある。

育児や介護と仕事を両立する人、障がい者、高齢者、その他病気や困難を抱えた人たちを、戦力化して活かすことができるかは、人事制度はもちろん、それ以上にマネジャーのスキルにかかっている。

これについては第5章から第8章で詳しく考えていくことにしたい。

第4章

業務効率を高める「ジョブアサイン」

図10 ● ジョブアサインの概念図

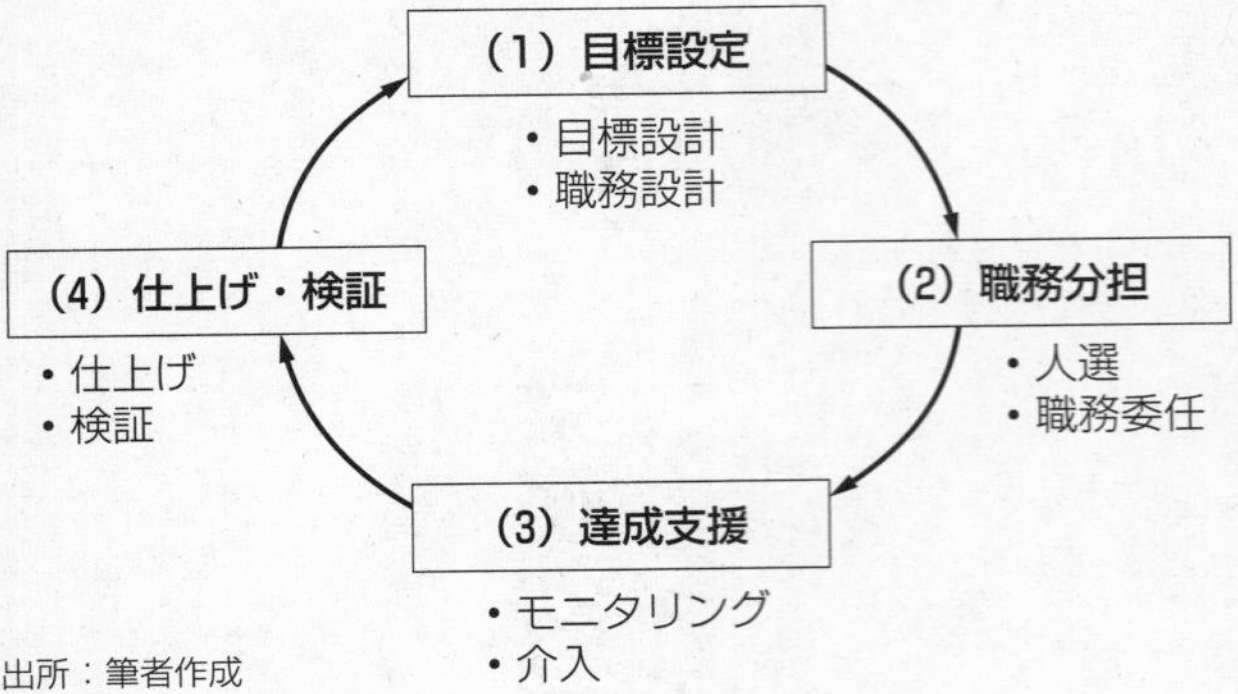

出所：筆者作成

現場のマネジャーにとってマネジメントの中核となるものが、日々の業務推進である。これを「ジョブアサイン」というが、ジョブアサインのスキルによって業績も業務効率も大きく変わる。重要なマネジメントスキルにもかかわらず、意外に教えてくれる人はいない。本章ではこのジョブアサインのスキルについて解説する。

ジョブアサインとは「仕事の割り当て」という意味であり、組織として達成すべき目標を踏まえ、部下に行わせる職務を具体化したうえで割り振り、その職務を達成するまで支援すること、と定義される。

ジョブアサインのやり方次第では、部下の成長意欲や内省を引き出すこともできるし、長時間労働の是正や柔軟な働き方の実現にもつなげることができる。適材適所で部下を活用することで、全員がイキイキと働けるチーム作りを目指す。

本章ではジョブアサインについて、具体的にマネジメントのポイントを整理する。図10にあるようにジョブアサインは４つのパートに分かれ、手順として、目標設定↓職務分担↓達成支援↓仕上げ・検証となっている。検証を踏まえて、また新たな期のジョブアサインに続くという構造だ。

狭義のジョブアサインは職務分担だけを指すが、ここではその前後を含めた広義のジョブアサインについて解説していきたい。

1 目標設定に関するスキル

まず第1は目標設定に関する技術である。「目標は上から降りてくるもの」と考えているマネジャーもいるかもしれないが、実はそうではない。ここには、組織目標を設計し、目標を達成するための職務を設計する重要なポイントがたくさん詰まっている。

順次説明するので、自分自身の仕事にあてはまるかどうかを確認しながら読んでいただきたい。

目標設計

まずは目標の設計である。適切な目標を設計し、自分自身をエンパワーしておくことがスタートになる。ポイントを4点にまとめた。

①先取り・仕掛け

自組織だけでなく、より広く事業全体、会社全体の戦略や今置かれている環境を見渡して、次にどのような仕事に着手すべきか、どのような活動が価値を持つか、考えておく。

通常のスケジュールに先んじて、準備や仕込みを進めておき、上司の先手を取って、その仕事を推進し、提案・問題提起をしておく。それによって自然な形でその事が自組織の目標となっておりてくるのである。

いきなりで恐縮だが、これは少々高度な技であり、かつマネジメントの範疇を超え、リーダーシップの領域にまで踏み込んでいる。しかし「先取り・仕掛け」を習慣的にできるか否かは、組織の業績等にきわめて大きな影響を及ぼす。そして、昇進を視野に置くマネジャーにとっては、ひとつ上の立場で事業を考えるという意味で、準備にもなるものである。

②俯瞰的理解

自組織の目標を全体と関連付けて理解しておく。表面的な指標にとらわれずに、より本質を踏まえて仕事を進めることができる。何が大事かを理解していれば、想定外の出来事に対しても適切に判断できるため、円滑な業務推進に役立つだろう。

③期待値調整

目標には常に交渉の余地がある。言われた目標を唯々諾々と受け取ることだけが称賛されることではない。過剰な期待をそのまま引き受けてきても、その結果達成できなければ、かえって失望を招き、無責任な仕事になってしまう。無理があるならば交渉して目標の質や量を調整することも必要なのだ。期待されている成果の内容についても、具体的に確認し、ギャップが生まれないようにしておくことが重要だ。思い違いがあればその分だけ無駄が発生し、生産性が下がる。

その後の実行プロセスにおける負荷を軽くして、引き受けた目標を確実に達成することを優先するためのポイントである。

④ジョブ・クラフティング

課せられた目標を自らの言葉で表現し直して、自己決定する。やらされる目標ではなく、自分で決めた目標だと考え方を転換するのである。自己決定感を重視する行動は、自分自身をエンパワーすることにつながる。他人の言葉を使って部下に指示を出しても迫力がなく、部下の心に響かないものだ。部下を動機付けするためにも「自分事」として目標を語れるようにしておくのである。

職務設計

次に部下に仕事を割り当てる前の準備である。目標を達成するための職務を洗い出し、それらの要点を明確にする。

①職務リスト化

目標達成に向けて必要になる職務を一つひとつリスト化しておく。リスト化するなかで、難易度や重要性の目安をつけておき、誰に割り当てるかを考えておく。基本的にはできる限り細かくリスト化することが良いだろう。ジョブアサインをするうえでとても重要なプロセスであり、期初に行うべきマネジメント行動として習慣づけておきたい。

②職務廃止

職務のなかには、通常業務として前期から継続しているものもあり、放置しておけば職務は増殖していくという性質を持っている。特に管理部門ではその傾向が強いため、定期的にやめるものを見極める必要がある。大きな決断は経営ボードがするものだが、日々の仕事のなかにも、習慣的にやっているだけで、その意味が薄れてきている職務があるものだ。マネジャーの判断でやめられるものもあるので、必要に応じて関連部署と調整して、職務廃止の決断をする。これによって部下の業務時間に一定の余裕ができることになる。

③手順想定と根回し

職務ごとの大まかなスケジュール、手順などを想定して明確にしておく。なかには早くに着手しておかないと他の職務のボトルネックになってしまうものもあるため、そのような職務については、新たな期のスタート前に部下に準備を進めておくよう命じるなどの手を打っておく。適度なフライングは一般に吉となるものだ。これによってスタート時のスピード感を出してゆく。

④成功ポイントと障がいの想定

目標を達成するまでの成功ポイントや障がいとなりうることなどを想定しておく。特に難易度が高い仕事を部下に任せる場合には不可欠である。重要な職務については、成功ポイントになる「勘所」については自ら深くコミットする必要があり、また部下に任せた場合でも、仕事の障がいとなるだろうポイントについては、タイミングよく支援できるようにあらかじめ準備を進めておく。

例えば新規事業などで、反対する部門や役員などがあらかじめ想定される場合には、突破するための作戦を練っておく、というようなことである。

2　職務分担に関するスキル

いよいよ具体的な職務の割り当てに入る。ジョブアサインの中核となる段階である。人選と職務委任という２つのフェーズに分けてマネジメントのポイントをまとめてみたい。

人選

職務に求められるスキルや経験と部下の持つスキルや経験、そして志向等を考慮して、人選を行う。

①分配戦略

職務を割り当てるうえでの戦略や方針を決める。

確実に目標達成するために、自分自身が担当する職務と部下に任せる職務との配分を決める。またそれぞれの部下に職務を割り当てる際に、きれいに配分するか、それとも担当が一部重なり合うように配分するかを決める。

担当領域を部分的に重なり合わせる方法を、一橋大学名誉教授の野中郁次郎氏は刺身の盛り付けになぞらえて「サシミ」と名付けている。刺身型の割り当ては、多少のカオスを招くこともあるが、重なり合った役割を担う部下同士の競争や情報交換を促す効果があるという。また片方が不発に終わった場合でも一方が成果をあげてくれればいいので、組織全体として目標を達成するためのリスクヘッジとなるメリットもある。

②職務の再編と統合

育児と仕事の両立など時間制約がある部下がいるときや、欠員が生じて割り当てる対象者が不足している場合は、職務をより細かく分解して、緻密な配分計画を立てる必要がある。一部の職務を切り出して、臨時の戦力（短時間パートタイマーや派遣労働者等）に任せることやアウトソーシングすることを検討する。またもしものときやピーク時に他の人が担当する職務を手伝えるようにするマルチタスク化（詳しくは第2章参照）も選択のひとつになる。

③ストレッチ

部下のなかには順調に成長を重ねている者や、毎期目標を達成し続けている者もいるだろう。そのなかから特に一皮むける大きな成長を期待したい部下を選んで、これまでよりも難易度が高い仕事やより高い達成レベルを求める。一般的に「ストレッチ」（GE〈ゼネラル・エレクトリック社〉で使いはじめた言葉）という人材育成のための方法であり、背伸びしなければならない状況に追い込むのである。

これはあくまでも順調に成長している部下に有効な方法であって、濫用するとかえって士気を下げることにもなるので注意したい。

④最適マッチング

それぞれの職務に求められる知識・スキル・経験を検討し、それぞれの部下の知識・スキル・経験や、志向、適性と照らし合わせて、もっとも適した担当者を決めていく。このような最適なマッチングを行うためには、マネジャーはあらかじめ部下の力量、志向、適性を把握しておかなければならない。

もちろん最適マッチングは原則であり、例外もある。志向がない部下にやらせてみて苦手を克服させるとか、あえて背伸びさせる③のストレッチや、経験の浅い部下に経験させる機会をつくり、ベテランにサポートさせて技能継承を促すというような、意図した例外措置はあってよい。

職務委任

部下が納得して職務に取り掛かれるように、動機付けしながら職務を任せる。それぞれのプロセスには以下のようなマネジメントのポイントがある。

①手挙げ誘導

それぞれの部下が担当する職務については、上司の指示によって決めることが一般的だが、時には、部下自らがその職務を担当したいと申し出てくるように仕向けることも考えたい。与えられた仕事よりも自ら名乗り出た仕事の方がより意欲や責任感を持って取り組めるからである。誰に担当させるか迷っている姿を見せるなど誘導の仕方は様々だが、このようなテクニックを使えると動機付けが行いやすい。

ベテランのマネジャーほど、うまく手挙げ誘導を行っていて、業績はもちろん、多様な副次的効果を生む。

②意義付け

部下が担当職務に納得して取り組むように、その職務の部門全体または自組織における位置付けや、その職務の重要性・意義について、説明する。その職務が、誰かのためになる仕事であるとか、自組織において重要な仕事であると理解すれば、モチベーションを高めて仕事と向き合うことができる。ただ「やれ」と指示するのではなく、説明をして納得させるということは、特に若手の部下にとっては頑張れるか否かを左右する大きなポイントとなる。

③工数・納期管理

それぞれの職務に必要な時間・工数を部下と協議のうえで決定してゆく。このやり取りのなかで職務の大きさや達成レベルについての齟齬がないように調整することができ、また仕事量の適正化を図ることもできる。

また到達目標や納期を詳細に打ち合わせておくことで、未着手のまま職務が放置されることがないようにするとともに、効率よくスピーディにゴールを目指して仕事を進めることができるようにしておく。

④報告ルール決定

職務ごとに報告の頻度と方式を決めておく。

マネジャーがコミットするべき案件は小まめに報告を受ける、任せるべき案件は途中の報告は不要、というように職務ごとに決めておくことで、目標達成に向けての状況把握を効率的に行うことができる。この段階で権限移譲することはしっかりと伝えておくことが大事で、マネジャーとコミュニケーションをいちいち取らなくても自分で判断して進められるので効率が上がる。

また報告を受ける場合は、対面が必要か、メールで行うか、会議などの場で行うか、方法も決めておくと、職務が停滞せずに効率よく進むことになる。多様なメンバーをマネジメントするうえでも重要な項目だ。

3　達成支援に関するスキル

第3のプロセスは達成支援である。職務の進捗状況を把握して、必要に応じて目標達成のための支援を行う。

モニタリング

仕事の割り当てが済んだら、モニタリングの段階に入る。職務が計画通りに進捗しているか情報収集を行う。

①進捗把握

仕事の進捗状況を把握する最適な方法は、部下によっても異なるものである。伝統的な日本的手法は部下からの報告・連絡・相談（ほうれんそう）によって状況を把握するというものだが、そればかりではうまくいかない。もともと報連相というのはマネジャーの立場からすれば管理しやすく安心だが、効率面では必ずしもすぐれているとは言えないのである。

さらに外国人の多くは日本的な報連相は信用されていないと感じて受け入れたがらないので、情報交換という形をとってお互いに新しい情報を交換しながら状況を把握するという方法も検討したい。

またデスクまわりを歩き回り、それとなく仕事の状況を観察することでどこまで進んでいるかを把握するという方法（walk around 型モニタリング）もあり、これは仕事を止めることなく状況が把握できるのでとても有効なやり方である。その他、部下個別に最適な方法を見つけて、適切に選択することが必要である。

これからはテレワークが進み、進捗管理が難しくなる。部下は目の届く範囲にいる、という前提をなくして、進捗把握の方法を多様に持っておくとよいだろう。

当然のことながら、モニタリングのベースにあるのは部下との信頼関係である。信頼関係がなければ情報（とくに悪い情報）は上がってこない。ジョブアサイン以前の問題として忘れてはならないところである。

②見守り

進捗が予定より多少遅れていても、大きく方向がずれているときや、納期に間に合わないときを除いては、できる限り我慢する。全く見ないということではなく、適度な距離を保ち把握しながらも、あえて口出しはせずに見守るというスタンスである。

以前にマネジャーを対象に、現在まで思い出に残っている上司の名前をあげてもらい、その理由も書いてもらうという調査を行ったことがある。そうすると理由のなかに「見守ってもらった」という言葉が数多く出てきた。直接指導を受けたという以上に、見守るということは部下の育成という観点で、とても重要なことなのである。

口を出さずに我慢することはマネジャー自身の成長のためにも重要なことだ。マネジャーの仕事ではない細かいことにまで喜々としてコミットしている人がいる。現場の各論が好きだから関わりたくなってしまうのだが、それをやっていると本来のマネジャーの仕事もできないし、成長もできない。忍耐を学びたい。

モニタリングからは少々はずれるが、もしも部下がアサインした仕事ではない仕事をしていた場合にはどうするだろうか。本来の業務に戻るよう指示するのが一般的だろうが、離れたところから眺めてみて、それが本人のこだわりによって主体的に取り組んでいるものだとわかったら、しばらく見て見ぬふりをするというのも悪くない。アイデアを思いついて、非公式に自分なりに情報収集や試行錯誤をしているかもしれないからだ。企業のなかには、業務時間の一定比率はこのような自分でやってみたい仕事に使っていいという組織文化を作っているところもある。

③リアルタイムフィードバック

進捗状況を把握して、順調に進んでいるときや、適切な方向に職務が展開しているときは、その段階で肯定的なメッセージを出してあげたい。それは承認のサインであり「このまま進めてくれ」という促進のメッセージになるからである。

特に評価できる行動があれば、具体的に褒めることも重要だ。評価された行動は習慣として定着して、長期的に質の向上や効率の向上につながっていくからである。また具体的に褒めることは「ちゃんと見ているよ」というメッセージにもなるため、部下の意欲向上にもなる。

④課題の予見

現在のところは問題ないが、モニタリングするなかで、この後に壁に直面しそうだと見えたときには、早めに支援の準備をしておく。原則は見守ることなので先走った介入は望ましくないが、問題が起こってから対応を検討するのではロスタイムが発生して、納期が守れなくなる恐れがある。

特に顧客からのネガティブな声は、改善、次のサービス開発のための重要な情報であるため、関連部署と共有し、当面の課題に対応するための準備をしておくことが重要なのである。

介入

もしも進捗状況に課題があるときは、適切に介入して本来あるべき状態に回復させる必要がある。介入の仕方によっては部下の意欲を低下させることや、自分で抱え込むことにもなりかねないので、ここにもいくつかのマネジメントポイントがある。

①軌道修正

明らかに期待と異なる方向に進んでいるときには、介入し軌道修正することで仕事の無駄をなくす必要がある。多くの場合、設定した到達目標に対する理解不足や遂行するうえで起こった問題に対する対処を誤っているケースなので、なぜ軌道がずれてしまったのかを意識しながら元のラインに戻していく。部下の立場を考慮して、納得のいく状況を作りながら修正できれば、信頼関係強化にもなるが、一方的にやってしまうと、しこりを残すことになってしまう。介入はタイミングが大事で、早すぎれば見守る原則が崩れてしまい、遅すぎれば手直しがきかなくなることや、修正に大きな労力や費用がかかってしまうことになる。

②側面支援

大筋では前に進んでいるものの進捗のスピードが遅くなっているという場合もある。そのときは、遅くなっている原因を見極めて、それを突破するよう側面支援をする。具体的には、いい企画ができなくて遅れている場合に助言することや、反対者がいて前に進めないときに交渉・調整に乗り出すなどの支援である。「職務設計」の④に示したような、イノベーションの障がいを取り除くために役員や社長などに鶴の一声を求めることは最大の側面支援と言えるだろう。

③育成的支援

これは主にひとり立ちしていない部下に、一人前の仕事を担当させるときの話である。

入社3年以内の若手に、先輩たちが担当しているような仕事を初めて任せる。当然ながら力量不足のためにどこかで立ち止まってしまうのだが、その状況において、本人にはわからないように、側面支援をしてあげる。目標達成まで到達できると、大きな達成感を味わい、「仕事は真剣に向き合えば向き合うほど返ってくるものがある」と実感して、「仕事は奥が深い」と認識する機会になる。たいていの場合、陰で支援されたことなど気づかないか忘れてしまって、自分自身の力でやり切ったと認識する。それでいいのであって、この初期キャリアにおける経験が、その後の仕事に向き合うスタンスをつくることになるのである。

これは男性以上に女性において顕著な効果を生む。女性で役員や上級管理職になった人にインタビューをすると、新人のときにそのような機会があったと語る人が多い。仕事と向き合っていこうと決意している女性であっても、結婚や出産を意識すると心は揺れるものなのだ。

若年人材育成を考えるうえではとても効果的な施策なのである。

④引き取り

ごく一部のケースであるが、部下だけで解決が難しい深刻なトラブルが起きてしまった場合には、マネジャーが引き取り、責任を持って解決することになる。中途半端に部下を前に立たせようとするとさらにトラブルが拡大してしまいかねないので、自らが中心になり、情報を集めて、上部組織にも情報を入れて、対応する。

4 仕上げ・検証に関するスキル

最後は仕事の仕上げに入る。期末になり、完了した職務について確認するとともに、成果を拡大させる追加の一手を打つ。そのうえで、次につながるように検証を行う。

仕上げ

部下に委任した職務を完遂させ完了を確認するとともに、アウトプットの価値を高め、適切に評価する。

①完了確認

部下に職務をやり切らせて、完了を確認する。達成感を持たせるための施策として、打ち上げの機会を用意するなどの労《ねぎら》う場を設けることも効果的だ。特にチームリーダー、プロジェクトリーダーとして中核を担った部下を、メンバーのいる前で労い、本人に想いや感謝の言葉を語らせるなどの演出をすれば、組織内の人間関係も良くなる。完了確認をきちんと行うことでけじめがついて、次の仕事に気持ち良く向かうことができるだろう。

②加筆修正

仕事の最終段階でさらに一歩質が高い成果になるようにひと手間加える。画竜点睛という言葉があるが、最後に竜の絵に目を入れることで竜が飛び立っていくように、マネジャーの最後の加筆によって成果を光り輝かせるのである。自らが上級のプロフェッショナルであるプレイングマネジャーならば、部下の仕事について少しの手間を加えることで質がぐんとよくなるポイントを見つけることができるのではないだろうか。

完成品に加筆する以外にも、他の部下が担当した職務と組み合わせることで、より評価されるアウトプットに仕上げることができるケースもある。

部下が精魂込めて仕上げた仕事をより魅力的になるようにお化粧をしてあげるつもりで工夫するのである。

③ディスクローズ

素晴らしい仕事を部下がしてくれたときには、広く内外に認知されるように拡散することもマネジャーの重要な役割である。

時には上司の上司まで伝わるように、いい仕事として話題にすることもできるだろうし、社内表彰の対象になるように売り込むこともできるかもしれない。仕事の種類にもよるが、社外広報を通じてマスメディアにも発信して紹介されるように仕向ける方法もある。同じ成果でもディスクローズの取り組み次第では成果が大きく見えるので、担当した部下を社内外に売り出すことができ、いつか昇進・昇格の対象とするときへの根回しにもなるのである。

成果物の価値をマネジメントする。これはマネジャーの仕事と認識しておきたい。

④質と効率の評価

完了した職務については適切に評価し、人事考課に反映する。アウトプットの質や達成した数字を評価することは当然だが、働き方改革を進めるなかでのマネジメントとしては、その職務にかかった時間、つまり効率も加えて評価したい。同じ成果を1カ月で上げた人と、2カ月かけた人とでは圧倒的に1カ月で仕上げた人の評価が高くなければならない。マネジャーが効率をきちんと評価するか否かでその組織の労働時間や生産性は長期的に大きく変わってくるはずである。

最初の段階で、工数や納期を確認しておいたことがここで役立つだろう。

評価においてもうひとつ重要なことは職務を割り当てる段階では想定していなかった成果を積極的に加点評価することだ。職務を遂行する過程で工夫を凝らしたことによって、想定外のナレッジが生まれたとか、横展開できるようなモデルができたというような場合は、イノベーションにつながる行為として高く評価したい。そのような行動が推奨されていることが組織全体に浸透すると、「考える」「工夫する」という組織文化が定着してゆくのである。

検証

最終段階は成果や改善すべき点を振り返る検証である。終わった仕事をそのままにせず、反省することで次の期へとつなげていく。

①反響フィードバック

完了した職務がその後担当者の手を離れて、どのように活かされていったのかを追いかけ、担当者である部下に知らせてあげることで、部下の達成感や仕事満足度が高まり、かつ次へ向けての指針になる。

ひとつの職務だけを見ていると視界が狭くなるが、すべての職務は大きな仕事の部分を形成していると考えられる。小さな職務と思えることも、俯瞰的に見れば極めて重要なパーツになっているものである。反響をフィードバックすることは、その実感を得る良い機会となるだろう。時には人事考課以上に評価として大きなインパクトを与えることになる。

私が代表を務めるリクルートワークス研究所では、「ドミノの1枚目を倒す」という良い成果に対する共通認識がある。研究所でできることは小さなことかもしれないが、それによって社会的課題の何かを改善に向けて動かす最初の一歩にしたいという想いをこの言葉に込めている。すべての研究員が、自らの研究成果がその後どう影響を与え、現実を変え、独り歩きしていったのかに強い関心を持っているのである。所長である私は、部下メンバーの視界を超えたところでどのように研究成果が活かされていったのかをできる限り所員にフィードバックするように心がけている。

②成果検証

良い結果をもたらした職務であっても、ただ安心するだけでは次につながらない。なぜうまくいったのか、その職務を担った当事者が振り返り、ポイントを明確にすることが大事である。

「ディスクローズ」の項で触れたように、表彰を受けて、プレゼンテーションをする機会が用意されていると、他者に成功のポイントを語る場となり、成果検証が自然に行われるだろう。その場がないときは、マネジャーから部下に「何が良かったと思う?」と尋ねてみることである。マネジャーから問われて、成否を分けたポイントを探すであろう。そこで得た答えは必ず次の仕事に活かされるはずである。

③改善指導

反対に、思うような成果が出なかった場合は、改善のための指導が必要だ。本人に振り返らせて反省点を語らせるのも必要だが、それ以上に経過をモニタリングし、介入してきたマネジャーの視点から、問題点を指摘し、改善を促すことが重要になる。ポイントは行動ベースで指摘し、反省させること。行動は反省すれば次回から直せるが、性格や人格を否定するような言い方をしてしまえば、突き放しただけで何も改善されないからである。

叱り方には叱り方の原則がある。1対1の場で、穏やかな感情で、行動の改善を促す。これができれば人材育成につながる。

④内省

部下に振り返りを求めるだけでなく、自らの一連のジョブアサインについても振り返ってみることだ。職務分担・達成支援フェーズを中心に、自身の説明や行動が適切であったかについて考えてみる。特に途中段階で軌道修正や引き取りをせざるを得なかった職務について、目標設定や職務分担のプロセスにおいて無理がなかったかを自問してみるのである。

この内省ができれば、マネジメントスキルは経験の積み上げとともに着実に向上していくに違いない。

ジョブアサインはできているか？

ジョブアサインの各論について詳しく解説してきたが、ご自身の日々のマネジメントと照らし合わせてみて、やっていること、あまり意識していなかったこと、それぞれあるのではないだろうか。

実際に、マネジャーのうち、どの程度の割合で行われているのか、調査した数字がある。

多くの項目は3人に2人程度のマネジャーがやっていると自認しているようである。ただし「よくあてはまる」「どちらかというとあてはまる」を足した数字なので、明確に「よくあてはまる」と言い切っている人だけを見ると、平均して10%強になる。なんとなくはやっていると思っているが、それほど自信はないというのが正直なところだろう。●は特に取り組めていないマネジャーが多い項目である。

5 ジョブアサインの効果

本章のはじめにも書いた通りマネジメントの仕事の中核は、成果を最大にすることである。

そのためのジョブアサインなのだが、これまで表記したようなポイントを押さえたマネジメントができれば、自然な形でいくつもの付加的な効果が生まれてくる。

改めて図11をご覧いただきたい。それぞれのジョブアサインを実行することが、結果として、どのように「業績向上」「生産性向上」「人材育成」「モチベーションの向上」「ダイバーシティ&インクルージョンの推進」「イノベーションの促進」につながって

図11 ● ジョブアサインの実行状況（1）

ジョブアサイン項目				マネジメント行動が取れている率（%）	業績	生産性	人材育成	モチベーション	D&I	イノベーション
目標設定	目標設計	①先取り・仕掛け	●	32.4	◎	◎	△			◎
		②俯瞰的理解		70.8						△
		③期待値調整	●	55.9	◎	◎	◎	◎	◎	◎
		④ジョブクラフティング		72.3				△		
	職務設計	①職務リスト化		60.5	◎	◎	◎	◎		◎
		②職務廃止	●	55.6	○	△			△	
		③手順想定と根回し		—	—	—	—	—	—	—
		④成功ポイントと障がいの想定		66.0		○	◎	◎	△	
職務分担	人選	①分配戦略		66.0				○		
		②職務の再編と統合		67.2	○	◎	○	△	○	△
		③ストレッチ		62.8			○	○		
		④最適マッチング		70.3	◎	◎	○	○	○	
	職務委任	①手挙げ誘導	●	28.1	◎	◎	◎	◎	◎	◎
		②意義付け		70.4	◎	◎	◎	◎	△	
		③工数・納期管理		65.1		△		△		
		④報告ルール決定	●	59.9	○	○	△	△	○	◎
達成支援	モニタリング	①進捗管理		75.3	◎	◎	◎	◎	△	
		②見守り	●	56.0	○	◎	△	△	◎	
		③リアルタイムフィードバック		63.3	◎	◎	◎	◎		◎
		④課題の予見		64.3	△	△	△	△		△
	介入	①軌道修正		74.4				○		
		②側面支援		72.1	◎	◎	○	○	◎	◎
		③育成的支援		77.9				△		
		④引き取り		78.1	△	△				

図11 ● ジョブアサインの実行状況（2）

仕上げ・検証	仕上げ	①完了確認		73.3	△	△		○		
		②加筆修正		63.9	◎	◎	◎	◎	○	◎
		③ディスクローズ		62.6	◎	◎	◎	◎	○	○
		④質と効率の評価		73.2		△		○		△
	検証	①反響フィードバック		76.9	○	◎	△	◎		
		②成果検証		—	—	—	—	—	—	—
		③改善指導		64.5	○		◎			△
		④内省	●	57.7	◎	◎	◎	◎	◎	◎

注：一はデータなし
＊ジョブアサイン項目の網掛けは、特に多様な成果につながっているもの
＊◎○△の表記は、業績〜イノベーションの各成果に影響を与えているもので、
◎は 0.1％、○は 1％、△は 5％で統計的に有意であることを示す
出所：リクルートワークス研究所「マネジメント行動に関する調査」2017 年

いるかを示している。◎○△の印があるところは、そのような効果につながっているということで、例えば◎であれば1％水準で統計的に有意、つまり99％の確率で意味があるということを示している。

効率化による長時間労働の改善

もっとも大きな付加価値は効率化、つまり生産性の向上である。

部下に仕事を割り振る前にきちんと目標設計や職務設計を行うことは、目標達成に向けての効率的な道筋を描くことである。そのうえで職務の説明を丁寧に行い、モニタリングして課題があれば側面支援することで、しっかりと業績につながっていく。

また仕上げ段階で、加筆修正やディスクローズを行うことで、成果の価値を高めることを通じて生産性を上げることもできる。

マネジャーの評価は労働時間に大きな影響を与える。内閣府が実施した調査（ワーク・ライフ・バランスに関する意識調査　２０１３年）によれば、残業している人を上司が「頑張っている人」「責任感が強い人」とポジティブに評価していると感じる人は労働時間が長い傾向があり、「仕事が遅い人」とネガティブに評価していると感じる人は労働時間が短い傾向があった。仕上げ④質と効率の評価に記したように、工数を守って効率的に仕事をしている部下を正当に評価すれば、長時間労働の改善につながるのである。

加えて、職務設計②職務廃止によって目標につながらない周辺業務を排除することは効率化に貢献し、直接的に労働時間を削減するだろう。

また職務委任④報告ルールの決定にあるように、権限移譲をすることや、過度に報告を求めないことも効率化を推進する。

これらはまさしく無駄を省き、早く帰れるようにするマネジメントである。

書店に行くと、上司は思いつきで指示を出しているから適当に流した方がいいという趣旨のノウハウ書が並んでいる。思いつきが真実かどうかは別として、ジョブアサインのマネジメントにより計画的に仕事をアサインすることになるので、思いつきというものは発生しにくい。マネジメントスキルを高めるとやはり組織の業務効率は上がるのである。

人材育成

そして人材育成もジョブアサインのなかで実現できる。

すべてのマネジャーは人材育成を期待されているはずだが、日々の業績推進に手一杯で、なかなか改まって人材育成のための時間を割くことができないと悩んでいる人も多いはずだ。第3章では「部下がなかなか育たない」という悩みを抱えているマネジャーが42・7%に達しているという調査結果を紹介している。

しかし、人材育成を日々の業績推進と別の活動だと考えなくてもよい。ジョブアサインのマネジメントをしっかりとやっていれば、そのなかで人材育成も行うことができるのである。

図12を見ていただきたい。これはジョブアサインと部下の成長実感の関係を示した

図12 ● ジョブアサインと成長実感の関係

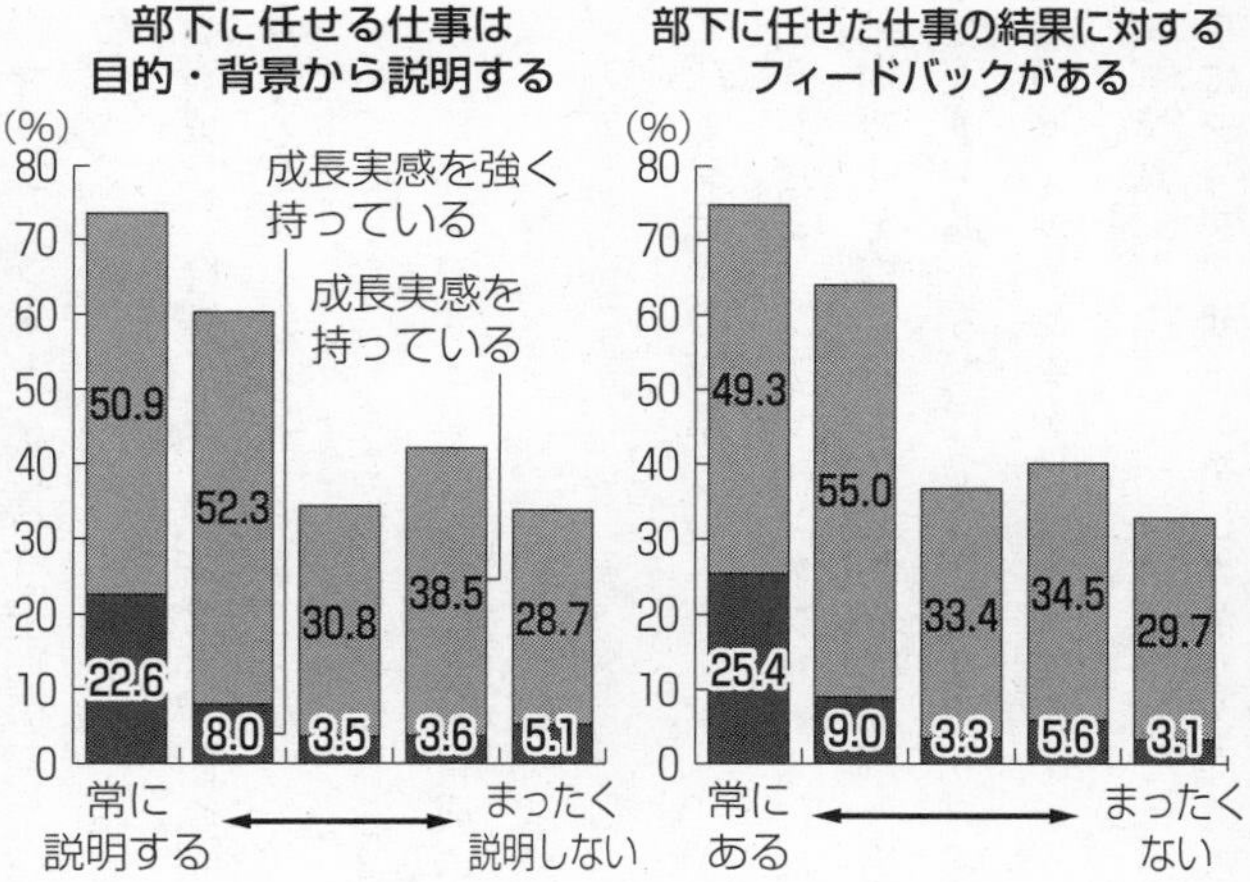

出所：リクルートワークス研究所「ワーキングパーソン調査」2014年

ものだ。

リクルートワークス研究所が実施したワーキングパーソン調査で、働く個人を対象に、上司のマネジメントを評価してもらい、また自身の成長実感についても尋ね、クロス集計したものである。

「部下に任せる仕事は目的・背景から説明する」は、職務委任の②意義付けに、「部下に任せた仕事の結果に対するフィードバックがある」は、検証の①反響フィードバックに該当するが、いずれもそのようなジョブアサインのマネジメントを常に行う上司の元にいる部下の方が成長を実感しているという結果になっている。

人材育成は、経験7割、薫陶2割、研修1割という。ジョブアサインは実際の仕事のプロセスをマネジメントすることなので、まさしく部下の「経験」をマネジメントしていることになる。さらに検証における②成果検証や③改善指導が「薫陶」にあたるため、ジョブアサインのなかに人材育成のほとんどが含まれていると言えるのである。

ダイバーシティの推進

ご紹介したジョブアサインのプロセスには、人選②職務の再編と統合のように、多様な制約要件を抱える人に適切な職務割り当てをするマネジメントも含まれている。

また人選を進める過程で、一人ひとりの強みや志向と職務の特性とを組み合わせて人選④最適マッチングを目指してゆくので、多様性のある部下を個別に見ていくことを求められる。

さらにジョブアサインをしっかりと進めることは、逐一マネジャーに判断を仰がなくても自分自身で判断できることが増えるので、「ダイバーシティ経営×働き方改革」ととても相性が良く、テレワークも推進できる。

このようなジョブアサインの副次効果は、すでに国家公務員のマネジメント体系にも盛り込まれている。図13は国家公務員の人事や教育を担当する内閣人事局がまとめた「管理職に求められるマネジメント行動のポイント」を図式化したものである。

中核となるマネジメント行動は、成果をあげる組織運営であるが、それはジョブアサインに対応し、この取り組みを確実に実施することで、資源の有効活用、つまり「人材育成」「ワークライフバランスとダイバーシティ」「コスト意識」につながるというのである。

コスト意識には図に説明があるように、成果と時間・労力のバランスという効率を含んでいる。現在霞が関では、この概念図をもとに各省庁で管理職研修を実施しているようだ。

図13 ● 国家公務員のマネジメント行動のポイント

A

リーダーとしての行動

(1) 方向性の提示

①組織課題の適切な把握・提示

(2) 創造的な組織づくり

①新たな取り組みに挑戦する風土の醸成

B

〈中核となるマネジメント行動〉

成果を挙げる組織運営

(3) 判断・調整・優先順位付け

①適時・適切な判断

②組織間での信頼関係の構築と折衝・調整

③業務間の優先順位付け

(4) コミュニケーション

①風通しの良い一体感のある職場づくり

(5) 組織力の発揮

①目標・方針の共有、部下への咀しゃく

②部下の適性等を踏まえた柔軟な業務分担

③進捗管理、目標達成の仕上げ

(ジョブ・アサインメントに対応)

D

組織の規律

(9) 組織の規律維持

①責任感の保持、服務規律の遵守及び公平・公正な業務執行

※「資源」とは、人材や時間等の企業の経営資源に相当するものを指す。

C

資源の有効活用

(6) 人材育成

①適切な職務経験の付与、部下への必要な支援

②自己啓発を含めた能力開発の推進

(7) ワークライフバランスとダイバーシティ

①ワークライフバランスを重視する意識改革

②多様な人材の活用

(8) コスト意識

①先見性を持ったうえでの適切な業務遂行

②成果と時間・労力のバランスの認識

Bを確実に実施することでCの行動にもつながる。

出所：内閣官房内閣人事局「管理職に求められるマネジメント行動のポイント」に筆者が加筆

第5章

多様な人材をありのままに活かす「インクルージョン」

働き方改革の好循環モデルをまわすためには、マネジャーがどうしても身につけておかなければならないスキルがある。ヒューマンスキル（対人関係能力）のひとつとしての「インクルージョン」のスキルである。あまり聞き慣れない言葉かもしれないが、多様な人々がそれぞれの個性を活かして仕事の成果を上げられるよう導くマネジメントのためのスキルである。ダイバーシティ経営の本来の趣旨を実現するためのマネジメントの姿とも言える。

1　ダイバーシティからインクルージョンへ

ダイバーシティは一般的には「多様性」を意味する。

もともとは米国において、マイノリティや女性の積極的な登用、差別の排除を実現するために広がったものである。

そして日本において企業人事でこの言葉を使うときは、女性、高齢者、外国人、障がい者、性的少数者などの就業機会を拡大し、広く人材を活用するという意味になる。

例えば、新卒採用で、女性の採用枠を広げて多くの女性を受け入れることは、（ジエンダー）ダイバーシティということになるが、多様な人が組織内に存在する状態を作れば、それによってただちに業績が上がるというわけではない。

日本は長く、新卒で入社した日本人男性正社員の積み上げにより、同質的な企業社会を作ってきた。同じ釜の飯を食い、家族ぐるみの付き合いをして、あうんの呼吸で仕事を進められる組織で、コミュニケーション・コストがかからないという利点があった。そこに異なる属性の人が入ろうとすると、様々なコンフリクトを起こすため、本当に戦力化しようとすれば、何段階もの調整過程が必要になってくる。

雇用機会均等法ができて女性総合職が誕生した頃などはまさしくコンフリクトが発生していた。男性によって築かれた同質的な企業社会に女性が適応することは容易ではなく、結局はプライベートを犠牲にして「男性化」した女性だけが生き残れるという状態が長く続いた。これでは何のために女性を採用したのかわからない。法律を守るためだけの措置にしかならないだろう。

経営のグローバル化が進む過程では、外国人留学生の採用が何度か盛り上がりを見せたが、いまだに戦力化できている企業はほとんどない。採用担当者は、外国人を起用して外国人の心理をくみ取ったマーケティングを展開しようとか、異文化を取り入れて組織にカオスをもたらし、イノベーションを促進しようと考えるのだが、実際に現場に配属すると、早く会社になじませようと思って「日本人化」してしまう。日本が好きで日本に留学してきている外国人なので、それを受け入れて、時には日本人以上に日本の心を持った外国人になってゆく。これではわざわざ外国人採用を行った経営効果は得られない。

ダイバーシティの5段階

早稲田大学の谷口真美教授は、企業におけるダイバーシティの取り組みを「抵抗」「同化」「多様性尊重」「分離」「統合」という5段階で整理している（『ダイバーシティ・マネジメント　多様性をいかす組織』白桃書房）。

「抵抗」は多様性に対し何ら取り組みを行わない状態である。多くの場合、心のなかに差別意識を持ち、社会的要請に対してもあえて見て見ぬふりをしている。

「同化」は法律遵守の姿勢を示す防御的な状態である。女性を男性化し、外国人を日本人化し、同化させることによって法令を遵守する。先ほど触れた通りだ。

「多様性尊重」は違いの存在を認めるがその活用にまでは至らない状態である。多様な人が存在しているだけで活かされているというわけではない。

「分離」の段階では、違いをビジネスに活かすようになる。マイノリティとマジョリティを分離して、マイノリティを純粋培養的に育て、マイノリティ市場向けのサービス開発を行うような段階である。女性ばかりのチームを作って、女性顧客にアピールするような施策がこれにあたる。

「統合」は違いを全社的に活かすために、あえてマイノリティとマジョリティとを混在させて、それぞれの特性を組み合わせて事業に活かしている状態である。例えば若手と高齢者を組み合わせてひとつのチームにして、お互いの不得手な部分を補い、強みを活かし合うというようなケースである。

谷口氏は多くの日本企業はまだ「多様性尊重」という踊り場的第3段階にあると指摘している。多様性尊重はまさしくダイバーシティではあるが、この段階だと企業としての社会的責任（CSR）を果たしているだけで、業績や競争力にはつながらず、単なるコストアップで終わってしまう。

第1章で触れたダイバーシティ2・0検討会報告書（経済産業省）でも、「ダイバーシティを進めるうえで生じるコストや手間のみが強調され」て、ダイバーシティ経営が停滞してしまうことを懸念しているが、これは日本企業が多様性尊重で止まっているということの証左であろう。さらに取り組みを進めて、「統合」の段階にまで持ってきてこそ、マーケットから支持される企業になることができて、競争力向上へとつながるのである。

統合の段階こそが「インクルージョン」である。

社会的包摂とは何か

インクルージョンという言葉は、もともと福祉の分野から生まれた。ソーシャル・インクルージョンというもので、日本語では「社会的包摂」と訳されている。１９８０年代は雇用や地域的つながりから脱落する「社会的排除」（ソーシャル・エクスクルージョン）がヨーロッパをはじめとする先進諸国で共通課題となっていた。それに対する理念として「社会的包摂」という概念が普及し、いったん排除された人が再び社会とつながりが持てるようにする環境作りが展開されてきた。

日本でも民主党政権下の２０１１年、政府内に「一人ひとりを包摂する社会」特命チームが設置されて、社会的包摂戦略の策定が進められた。そもそものきっかけは当時話題となった「派遣切り」や「ワーキング・プア」で、不安定な雇用が続くと、体調不良につながり、それが失業へ、さらには住居の不安定／喪失へとつながるという社会的リスクに焦点があてられていた。

その後東日本大震災が起こったことで、震災影響による社会的排除という視点から分析が行われ、問題解決を迅速化するための窓口の一本化（ワンストップ）などが具体的政策として検討されたという経緯がある。

しかし、ソーシャル・インクルージョンという言葉自体は、社会的包摂という日本語訳のわかりにくさからか、一般的に浸透することはなかった。

安倍政権になって展開された一億総活躍推進も、実はソーシャル・インクルージョン政策だと言える。「一億総活躍」という言葉が何を指しているかわかりにくいという指摘があったが、私も一億総活躍スタート時にヒアリングに招かれ、当時の加藤勝信大臣や一億総活躍室のみなさんと議論したときに、ソーシャル・インクルージョンだと明確に言った方がいいのでは？と提案した。一億総活躍担当大臣の英語訳をMinister in Charge of Promoting Dynamic Engagement of All Citizensとしていたが、やはり海外では理解されにくく、Social Inclusionの意味だと補足して説明しているとのことだったが、社会的包摂というと国内では理解されないだろうという返答だった。その後一億総活躍国民会議が開催されて、民間議員の菊池桃子氏も同様の提案をされていたが、やはりソーシャル・インクルージョン（社会的包摂）という言葉は使われず、「ニッポン一億総活躍プラン」にも「すべての人が包摂される社会」という形でちらりと盛り込まれている程度である

その一方で、企業経営の文脈では、日本語訳せずにインクルージョンという言葉のままで、徐々にではあるが耳になじみはじめてきているようだ。ダイバーシティというよりもダイバーシティ&インクルージョンと呼ぶことが自然になり、推進組織を「ダイバーシティ&インクルージョン推進室」とする企業が次々に出現してきた。数年前はインクルージョンという言葉を使うと経営者には「はてな」という顔をされたが、最近では理解していただけるようになってきたと思う。

2 「強み」を認め合い活かし合う

ダイバーシティ経営における「統合」の段階を実現するためには、組織を構成する

多様な人々が持つ「強み」を明らかにしておく必要がある。

このとき、属性によるステレオタイプな理解に留まらないようにすることだ。

例えば、女性活躍推進の文脈で書かれた企業のダイバーシティ・レポートを読むときに、たびたび目にした「女性ならではの感性を活かして」という文言がある。これを見た瞬間に、「この会社はまだ統合段階にはないな」と感じていた。女性の能力を活かしたいと思う気持ちは理解するが、女性を一括りにして理解しているところが課題である。「女性ならではの感性」とは何だろうか？　男性でも細やかな感性を持った人がたくさんいるし、女性でも豪快な人もいる。当たり前のことだが、個性も強みもひとりずつ違うのであって、その違いを見に行こうとしなければインクルージョンを実現することはできない。

一人ひとりをしっかりと見つめる。

そしてその人の職業能力上の「強み」を明確に評価する。

このプロセスがどうしても不可欠なのである。

ではどのように「強み」を見つければいいのか。職業能力の2つの要素に注目してほしい。

コンピテンシーやリテラシーなどの基礎力

コンピテンシーというのは業績をあげるプロセスで発揮される習慣化された行動特性である。例えばある人は、意見が対立する場合でも双方の考えを深く理解して、合意できるポイントを見つけることに秀でているかもしれない。またある人は、緻密な作業を辛抱強く集中して継続することができるかもしれない。それらは本人の性格や気質につながっている行動特性であり、繰り返し同じパターンで行動することで安定的に業績につなげていくものである。大きく分類すると「対人」「対自己」「対課題」の3つになる。

リテラシーというのは、外国語の能力に象徴される言語のリテラシー、数字で理解することが得意というような数的リテラシーなどの処理力的要素と、論理的・創造的思考力のような思考力的要素が入る。

これらを総合して基礎力（General Skills）という。

図14は私が作成した簡易な基礎力のセルフチェックシートである。そのなかで相対的に点数が高い項目が強みと言える基礎力の候補。その逆が弱みである可能性がある基礎力の候補である。

図14 ● 基礎力セルフチェックシート

				【能力の発揮レベル】 極めて高いレベルにある	やや高いレベルにある	一般的なレベルにある	やや低いレベルにある	かなり低いレベルにある	合計点	基礎力
コンピテンシー	対人能力	a	①相手が話しやすい雰囲気をつくり話を聞き出す力	5	4	3	2	1		親和力
			②相手が今どのような感情や心理なのか口に出さなくても察知する力	5	4	3	2	1		
			③自分と価値観や考え方が違う人とでも話に折り合いをつける力	5	4	3	2	1		
		b	①組織の中で自分がどのような役割を演じるべきかを見極める力	5	4	3	2	1		協働力
			②必要な情報を関係者に共有し、根回しする力	5	4	3	2	1		
			③自らの手が回らない仕事や専門外の仕事をうまく他者に頼む力	5	4	3	2	1		
		c	①公式の場で自分の意見をしっかりと発言する力	5	4	3	2	1		統率力
			②反対意見にも耳を傾けて、それらの意見を尊重する力	5	4	3	2	1		
			③正しいと思った事を、相手に説明し説得し納得させる力	5	4	3	2	1		
	対自己能力	a	①「怒り」や「喜び」といった感情を周囲への影響を考慮してコントロールする力	5	4	3	2	1		感情制御力
			②ストレスを自分なりの方法でマネジメントする力	5	4	3	2	1		
			③大事な場で本来（もしくはそれ以上）の実力を発揮する力	5	4	3	2	1		
		b	①自分の強みや弱みを明確に言葉で説明する力	5	4	3	2	1		自信創出力
			②まだ未経験の事でも「きっとできるはず」と考えて挑戦する力	5	4	3	2	1		
			③気が進まない事でも自分なりの楽しみ方をみつけて取り組む力	5	4	3	2	1		
		c	①上司に先んじてやるべき事ややり方を提起する力	5	4	3	2	1		行動持続力
			②一度やると決めたことは三日坊主にならず最後までやり遂げる力	5	4	3	2	1		
			③生活のリズムを安定させて体調を管理する力	5	4	3	2	1		
	対課題能力	a	①必要な情報を自分なりの情報源から適切に収集する力	5	4	3	2	1		課題発見力
			②歴史や事例などから自らに有効な知識を導き出す力	5	4	3	2	1		
			③問題が起こったときに原因を徹底的に掘り下げる力	5	4	3	2	1		
		b	①実務の進め方（だんどり）を決め、スケジュールを組む力	5	4	3	2	1		計画立案力
			②起こりうる変化を複数想定してシミュレーションする力	5	4	3	2	1		
			③立案した計画を多面的に評価し、リスクをコントロールする力	5	4	3	2	1		
		c	①計画を自ら率先して行動を起こす力	5	4	3	2	1		実践力
			②実行中に新たな課題が見つかったときに柔軟に軌道修正する力	5	4	3	2	1		
			③結果を振り返り、反省し、次回に活かす力	5	4	3	2	1		
リテラシー	思考力	a	①仮説を立てたり、結論を想定したりしながら物事を考える力	5	4	3	2	1		論理的思考力
			②考えたプランの全体像を図1枚にまとめて示す力	5	4	3	2	1		
			③客観的な証拠を示しながら、自分の考えを主張する力	5	4	3	2	1		
		b	①他者のアイデアを吸収しながらプランを練り上げていく力	5	4	3	2	1		創造的思考力
			②他者とは異なる視点から問題提起し議論をリードする力	5	4	3	2	1		
			③問題解決のアイデアを常に率先して生み出す力	5	4	3	2	1		
	処理力	a	①(数百字から数千字でひとつのテーマをわかりやすく表現する）文章力	5	4	3	2	1		言語的処理力
			②ひとつの事を表現する時に適切な言葉を思いつき、使いこなす力	5	4	3	2	1		
			③外国語を話す力、書く力、読む力	5	4	3	2	1		
		b	①P／LやB／Sなどの経営に関する数字を使いこなす力	5	4	3	2	1		数的処理力
			②統計データや調査データを読みこなす力	5	4	3	2	1		
			③情報端末を有効に活用して情報収集やコミュニケーションをする力	5	4	3	2	1		

上位3項目に○

5分程度で回答できるので、基礎力の概念を理解するためにご自身で一度チェックしてみてほしい。部下にやらせてみるのもいいだろう。

実際に研修などの場でやってみてもらい、一番高い点数がついた基礎力を報告してもらうと、かなりのばらつきが出る。それだけ一人ひとりが持つ強みとしての基礎力が異なるということである。

専門的な知識や技術などの専門力

それぞれの職務を遂行するうえで必要となる知識や技術のこと。経験や資格に裏打ちされた専門性である。例えば財務・経理を担当する人が、財務諸表を読みこなす知識があるとか、公認会計士などの資格を取っているということや、ITエンジニアがセキュリティに関する高度な技術を持っているというようなケースである。ホワイトカラーの場合は資格や技術としてのわかりやすい専門力ではなく、特定領域に関する長期の実務経験に基づく、知識の積み上げや有効な人的ネットワークなどの場合が多いため、整理しないと明確にならないことが多い。

これらを専門力（Specific Skills）という。

これら職業能力としての視点から、組織を構成する一人ひとりの「強み」を明確にして、できれば言語化し、組織内で共通認識としていくのである。その役割は組織のリーダーが負うことになるだろう。

私は、企業や経済団体でキャリアデザインの実践講座の講師を務めることがあるが、受講者に自らの強みや専門性を言葉にして書いてもらうことにしている。なかなか書けない人も多いため、「過去に上司から褒められた言葉を思い出して書いてみて」と言うと、「上司から言われたことがない」という人が意外に多い。上司が部下の強みを指摘し、評価することはキャリア支援として重要な行為なので、とても残念なことだと思う。

キャリアの観点から言うと、「強み」を明確にして、それを磨き上げていくことは、キャリアの基本戦略である。経営学の泰斗であるドラッカーは、「強みの上に自らを築け（Build on strength）」とメッセージしている。個人も、そして企業も弱みを直すことにエネルギーを注ぐのではなくて、強みを伸ばすことにこそエネルギーを注ぐべきなのである。

人格はかなり幼いときに決まってしまう。行動特性は変化可能だが、それでも一定年齢をすぎると弱みは強みと表裏一体となり、弱みのみを直すことは難しい。それならば強みを伸ばすことにキャリアの基本戦略を置く方が良い。

特にダイバーシティ経営によって、新たに組織の一員となった人々には、制約要件がある場合が多い。育児と仕事を両立しようとする女性であれば労働時間に絶対的な制約があるかもしれない。高齢者であれば健康・体力に制約があるかもしれない。外国人であれば日本語能力や日本の文化・習慣への適応に課題があるかもしれない。そして障がい者であれば、障がいそのものが制約となってしまう。そのような人々を仕事のパートナーとして迎えるためには、積極的に評価する部分にまず目を向けることが大切である。

これは職場の人間関係にも言えることだ。新しい仲間と出会ったときに、先に良い部分を発見することができると、後に悪い部分に気づいてもそれを許すことができる。反対に悪い部分を先に見つけてしまうと、良い部分に目が行かなくなってしまう。

お互いの強みをお互いに知っている組織が目指す理想形である。

個性を磨きプロフェッショナルへと育てる

多様な人材のありのままの強みを伸ばして、プロフェッショナルの集団をつくることができれば、それはまさしくインクルージョンになる。

プロフェッショナルとは、体系的な専門知識と再現可能な専門技術を持った人だが、プロと呼べる段階に到達するまでは、公式の知識と公式の技術を身につけることを求められる。よく「型」と呼ばれるものである。

どのような道でも自己流でやるのではすぐに成長は止まってしまう。先人たちが築き上げた知識や技術をまずは吸収して、基盤を作り上げる。ここまでは個性的である必要はなく、むしろ型にはめる方がいい。そのうえでプロになってスタートを切ってから、今度は基盤としての「型」の上に、独自性を加え、ほかの誰とも違うプロになっていくのである。

同じ職業であっても、プロは一人ひとり独自性を持っているので、仕事のやり方や成果が異なる。仕事を依頼する側は、その違いのなかに特徴を見出して、「ぜひこの人に」と考えて指名するのである。結果としてトッププロは指名の仕事だけで業務時間がほとんど埋まってしまう。

よく混同されるのだが、専門家にはプロフェッショナルとスペシャリストとがある。スペシャリストとは、いわば専任職で、ある業務の一部を「専ら」担当する人である。前後関係のなかで仕事が定義されるため、長くても1~2年の期間では一人前になり、それ以降はスピードや正確性を磨き上げることはあるが、個性化していくわけではない。

それに対してプロフェッショナルは、いわば専門職で、プロの段階に到達するまでに標準で10年程度の時間がかかり、知識や技術の獲得にこれで終わりということがなく、永遠にさらなる高みを目指してゆく。そして個性化し続けることによってプロとしての評価を上げていく。

専任職に比べて専門職の方が、より多くの所得を獲得できる可能性が高く、また社会的にもより大きな影響を与えることができる。

プロになるということは、キャリアの側面から見ても、キャリアの成功を意味するとても重要なことであり、人材を活用する企業から見ても、指名で仕事がくるようなプロによって組織が構成されていれば、大きな価値を生み出してくれることになるので、双方にとって望ましいことなのである。

加齢による個性化

プロになることとは別に、加齢によって個性化が進むという側面もある。

分析心理学の開祖として知られるC・G・ユングは、40歳を人生の正午と呼んだ。おそらく現在の平均寿命から考えると50歳くらいが正午ということになるだろう。人生の午後は、午前と同じプログラムで生きるわけにはいかないので、アイデンティティの再生がはじまり、仕事価値観が大きく変わることになる。

若いときには「同期入社の同僚よりも業績を上げて早く出世する」というような外から与えられた基準にこだわっていた人が、年齢を重ねると「自分にとって何が大切なことか」という真・善・美が基準になってくる。何を真と思うか、何を善と思うか、何を美と思うか。それによってその人らしさが決まってくるため、個性化が進むのである。

人と同じでなければいけないと感じ、人に勝たなければならないと感じると、とても大きなストレスになるが、オンリーワンで価値を生めばいいと感じるとずいぶん楽になる。実際に、仕事満足度を見ると50代は他の年代よりかなり高くなるが、個性化してわが道をいっている証左だろうと思う。

プロフェッショナルとしての進化による個性化と、加齢による個性化。多様な人材によって構成されている組織は、発展し、継続するにしたがって、「個性のかたまり」として色合いを増してゆく。

それはまさしくダイバーシティであり、それを価値に転換する行為が、インクルージョン・マネジメントなのである。

3　マネジャーに期待される多様な「顔」

プロ集団をつくるためにマネジャーは多様な役割を果たすことが期待されている。すでに述べたように、その第一歩は部下の「強み」を言語化することだが、それ以外にも以下のような役割を果たすことが望ましい。

キャリアアドバイザーとして

査定フィードバック後の面談などで「これから先のキャリアビジョンをどう考えているか」と尋ねる場面があるだろう。たいていの場合、「次はこの仕事にチャレンジしたいです」というような明確な回答は部下から返ってこない。多くの人は企業に所属するといつのまにか自らのキャリアを組織に任せてしまう。「きっと会社は最善の次の仕事を用意してくれるだろう」と、冷静に考えればそうではないとわかることを、信じてしまうのである。

新入社員としてまだ半人前のときは、確かに会社が用意したプランにそのまま乗る方が良い。仕事についても、自分自身の力量や志向についても、よくわかっていない段階だからである。しかしその後は、自らキャリアのビジョンを持ち、上司・会社と擦り合わせていく行動をとらないと、満足な職業生活を送ることは難しくなってくる。そのときの身近な相談相手がマネジャーであり、社内の事情もより理解したうえで適切なアドバイスをしてくれるのもマネジャーである。

上司は良きキャリアアドバイザーでありたい。

部下のキャリア志向を理解して仕事をアサインすればモチベーション向上にもつながる。マネジャー本来の業績推進にも直結するのである。

なかには自らの弱みばかりを気にして自信を持てない人もいるだろう。そういう人は自分の強みについても過小評価してしまいがちだ。そこで、強みについてもマネジャーの口から改めて伝えつつ、キャリア目標を決めてチャレンジすることを動機付けしてほしい。

コーチとして

一般的にマネジャーは、部下よりも長い経験と高い専門性を持っている。特にプレイングマネジャーになっている管理職は、プレイヤーとしての知識や技術のレベルが部下よりも高いということが前提になっているので、その技術を部下に伝承するという役割が期待される。

若手でこれからプロになるための下地を作る段階であれば、「型」を教える役割になる。型というものは、様々な場面での立ち居振る舞いに関する要素を含むので、身近にいる人でないと教えることができない。つまり同じ部署の先輩たちにしか果たすことができない役割なのだ。

OJTの基本である、やって見せる↓説明する↓やらせてみる↓フォローする、というプロセスをたどらなければならない。

マネジャーだからといって、すべての部下に対して専門性で優位にあるとは限らない。

むしろ部下の方が圧倒的に高い専門性を持っているというケースもあるだろう。特にプロジェクトチームを組んで仕事をするケースを想定すると、プロジェクトに必要な多様な分野の人材が集まることになる（ダイバーシティ）ので、その場合教えるどころかむしろ教えてもらわなければならないかもしれない。

それでも部下がある分野のプロであれば、マネジャーが果たす育成上の役割はある。それは「テーマ」を与えるということである。

プロになるとこれでいいということがない。どこまでも、永遠に自分の知識や技術を高め続けなければならないので、それをエンパワーするような刺激的なテーマを提供すればいいのである。プロジェクトリーダーであるから、大きな意味での到達すべきゴールは共有して、そのうえで部下にミッションを与えていく（まさしくジョブアサイン）のだが、そのときに「この問題を解決してほしい」「こういうプランを考えてみてほしい」というようなテーマ性のあるミッションを提示できて、それが部下のプロとしての意欲や好奇心を喚起するようなものであれば、それもまた人材育成であり、コーチの役割と言えるのだ。

魅力的なテーマを出せるマネジャーになる。これはインクルージョンの大事な要素である。

ロールモデルとして

マネジャーは部下から見て、ある種あこがれの存在でありたい。将来自分もあの人のようになりたい、と思わせられるようであれば、それ自体がキャリア支援であり、人材育成である。

マッキンゼーが調査・分析してまとめたレポート「WOMAN MATTER2」（2008）によれば、女性の方が男性よりも頻繁に発揮しているリーダーシップ項目に「ロールモデルになる」というものがある。その他に「人を育てる」「期待して褒める」「思考を促す」「参加型の意思決定をする」などの項目が女性のリーダーシップの特徴らしい。

多様な人材には多様なロールモデルが必要で、ひとりのロールモデルを探そうとすると挫折するが、何人ものロールモデルを組み合わせて目指す姿を思い描こうとするのはさほど難しくない。部下を持つ以上、そのうちの何人かにとって、ロールモデルの「ひとり」になりたいものだ。

ただし、ロールモデルになるということは結果論であって、目指すようなものではない。

女性の管理職候補者に向けて、後輩女性のロールモデルになってほしいという期待を語る男性上司がとても多いのだが、これはいかがなものかと思う。ロールモデルになるということが抽象的で、この期待では何をしていいのか、おそらく言われた本人は何もわからないだろう。その人がいきいきと活躍することが、結果としてロールモデルになることにつながるのであって、上司の「ロールモデルになってほしい」というステレオタイプの期待は、実は何も言っていないことに等しい。もっと一人ひとりを見る必要があるだろう。

スポンサーとして

メンター制度を導入している会社がたくさんある。

メンターとは、よき理解者であり、よき指導者というような意味である。

メンターとは、トロイア戦争後のオデュッセウス王の流浪を歌ったホメロスの叙述詩『オデュッセイア』の登場人物である「メントール（Mentor）」という男性の名前に由来する言葉だ。メントールは、オデュッセウス王の息子テレマコスの教育を託された賢者で、良き指導者、良き理解者、良き支援者としての役割を果たしたという。

個人としてメンター的な存在がいると、仕事に悩んだときやキャリアについて相談したいときにその相手になってもらえるという意味で結構なことだが、マネジャーの役割としては、メンターでは少々物足りない。

マネジャーには権限があるので、部下に期待するならば、思い切ってひとつ上の役割を任せてみるという方法がある。いわゆる抜擢である。すでに発揮している能力や実績に基づく任用ではなく、潜在的な能力や期待に基づいて任用するのだ。

さらに部長以上の上級管理職や役員の場合は、部下の部下にあたる若手に良い仕事機会や立場を与えて成長を促すという行動もとれるはずだ。

役員などの幹部についた女性に聞くと、たいてい「スポンサー」的存在がいたという。多くの場合、自分を評価し、期待してくれていた上司であり、その上司からの期待に応えようとして努力を重ねた結果、成功したというのだ。

現在の企業の評価制度は、生活を犠牲にしてすべてのエネルギーを仕事に注いできた人に有利なシステムになっている。これだと新卒で入社して業績を積み上げてきた男性に、ほかのマイノリティはかなわない。

社内の評価制度が変わり、ダイバーシティ&インクルージョンが当たり前に機能する組織になるまでは、上司のスポンサーシップが大事になるのではないだろうか。

改めて部下の顔を一人ひとり思い出してみてほしい。あなたは4つの役割を果たせているだろうか？

どういうシナリオで育てていくか、一人ひとりに対して適切なプランが立てられているだろうか？

そして一人ひとりの「強み」を、きちんと言葉にして伝えているだろうか？

それをしっかりと実行することが、インクルージョンへの道になるだろう。

4　HRのテクノロジーがインクルージョンを促進

働き方改革の源流のひとつに第4次産業革命と呼ばれるテクノロジーの進化があるが、実はテクノロジーがインクルージョンを推進するための環境づくりに役立つのではないかと言われている。

AI、IoT、ロボティクスなどの波は人事にも押し寄せてきていて、HRテクノロジー、ピープル・アナリティクス、HRインテリジェンスなど、多様な言葉で表現されている。

例えばHRインテリジェンスについて、私なりに定義すると、「組織が戦略目標を達成するために、人・組織に関する様々なデータを収集・分析することにより、科学的なマネジメントを効率的に行う体系的なプロセス」となる。

戦略目標とは、生産性向上、イノベーションの推進、ダイバーシティ経営、働き方改革などを指す。様々なデータとは、個人の業績や評価に関するデータ、これまでの職歴・学歴に関するデータ、健康に関するデータなどである。

人事部門は勘と経験に頼って意思決定をしていると揶揄《やゆ》されてきたが、そこに人事ビッグ・データの分析という科学的アプローチを加えることによって、より効率的に人事管理を行っていこうとしているわけだ。

これまでは人に関する膨大なデータが手近にありながら、活かしてこなかった。適性検査のデータ、人事考課のデータ、昇進試験等のデータ、組織風土診断のデータ、定期面談のデータ、異動希望のデータ、研修のデータ、健康診断のデータ、ＥＡＰなどの従業員の相談データ、給与や税金・社会保障等に関するデータ、家族構成や住居などのデータ、等々である。そこへＩｏＴの発展によって、新たに行動データやバイタルデータなども加えることができるので、それらを活用すると意思決定したならば、雇用されている人はすべて丸裸にされてしまうほどわかってしまうのだ。

もちろんそれぞれのデータには活用の制限があり、データを取られたり活用されたりする従業員にとっては気持ち悪いことなので、安易に進めることはできないが、本人が活用目的に賛同して、それを望むならば、とても有益に活用できる可能性がある。

人事エンジニアの登場

最近では一部の企業の人事部には、人事データの解析をもっぱら担当する人事エンジニアとも呼ぶべき人材がいる。

エンジニアと言っても、純粋な技術屋タイプではなく、従業員と対話することを大事にする人々で、データだけで人事施策を決めるのではなく、あくまでも参考材料として活用するというスタンスである。

そのような人々が人事にも配属されることで、より人や組織のデータ分析が進んでいきそうだ。

人事研究で知られるD・ウルリッチ氏は、毎年人事に求められるコンピテンシーを発表しているが、2016年版では、9つの人事コンピテンシーのなかに「ビジネス・人事データを管理・処理し、意思決定のためにそれを解説・活用する」「好業績な組織づくりを後押しするためのテクノロジーやソーシャルメディアを活用する」を盛り込んでいる。

今後統計学は人事の必修科目になり、常にデータを睨みながら人事異動を決めるような風景が当たり前になるかもしれない。

インクルージョンの促進

もしも膨大な個人情報を統合・分析することができるようになれば、性別・年齢・国籍などの属性によって判断をしなくて済むようになる。

統計の誤謬《ごびゅう》によって、「女性だから……」「高齢だから……」と無意識のうちに平均的な属性ごとの姿で見てしまうのではなく、個人を丁寧に見ることによって、活躍の場をアサインすることができるようになるのである。

マネジャーは人事が持つ「その人ならではの特性を表すデータ」を参考にしながら、活かし方、育て方を考えればいい。

そのような時代がすぐそこまで来ているのである。

第6章

個々の抱える問題に踏み込む

前章ではインクルージョン・マネジメントの全体像について考えてきた。本章からは皆月が担当し、インクルージョンに必要な取り組みを具体的に考える。なお、ここに掲載している20件の相談事例は、これまで受けてきた相談をヒントに創作したものである。

1　一歩踏み込む

部下とマネジャーのギャップ

部下とマネジャーにはコミュニケーションのギャップがある。

マネジャーは部下の話を聞いているつもりでも、部下は聞いてもらっていないと思っている。また、マネジャーは部下のことは理解していると思っていても、部下はマネジャーに理解されていないと思っているようだ。

課長と一般社員の意識調査では、課長が部下の言いたいことを「理解ができない」と答えた割合は4・8％にすぎないが、部下からすると上司が「理解していないと思う」と答えた割合は36・5％だった。また、部下の話を「あまり聴かない方だ」と答

図15 ● マネジャーと部下のコミュニケーションギャップ

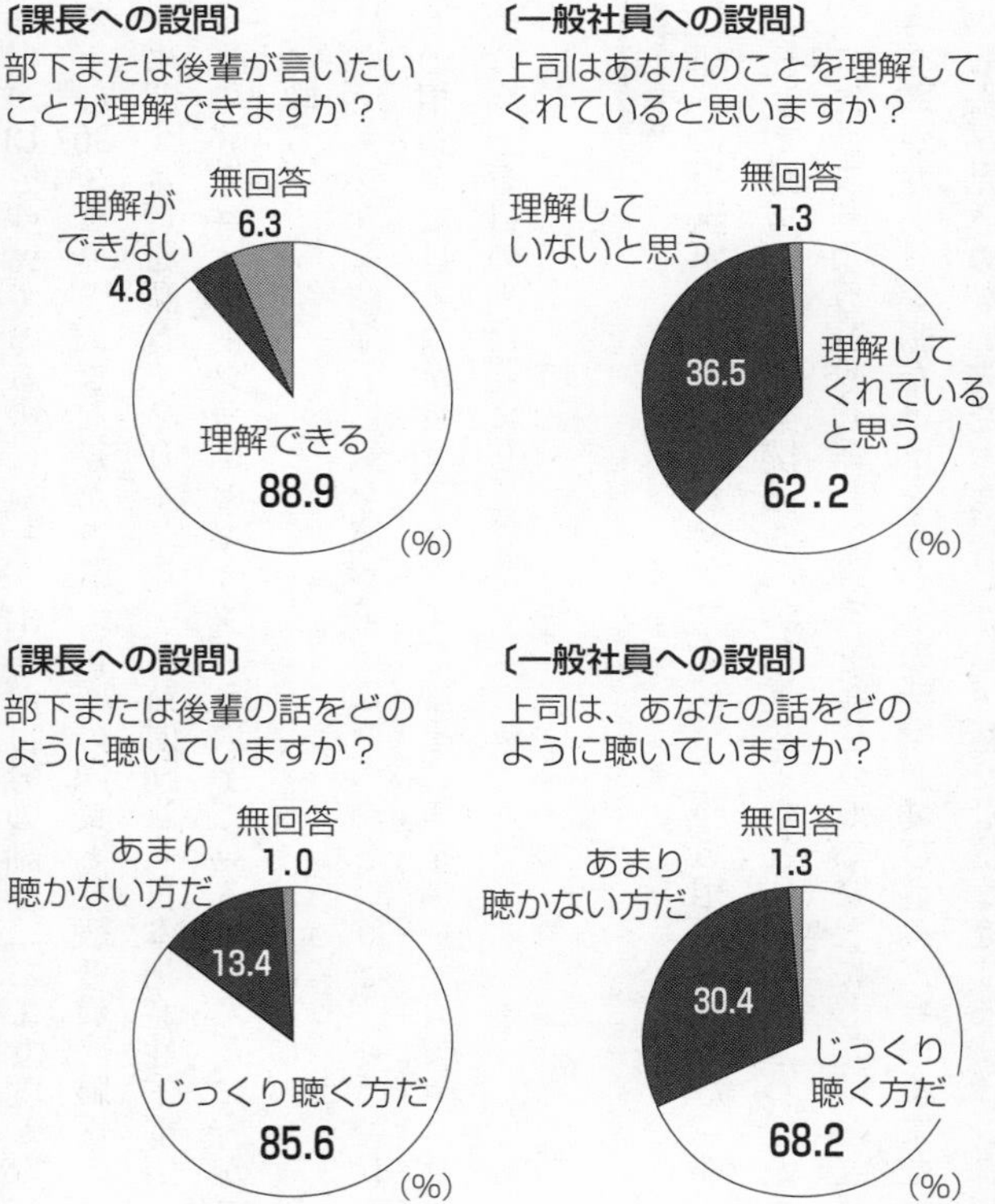

出所：「日本の課長と一般社員　職場のコミュニケーションに関する意識調査」
2012 年　公益財団法人日本生産性本部

えた課長が13・4%であるのに対し、上司が自分の話を「あまり聴かない方だ」と答えた部下は30・4%と大きな差がある（日本の課長と一般社員　職場のコミュニケーションに関する意識調査　2012年　公益財団法人日本生産性本部）。

こうしてコミュニケーションのギャップを数字で見ると、部下の方が気を遣っているように映る。

では、マネジャーは部下に気を遣っていないのかというと、そうではない。これまで多くの相談を受けるなかでマネジャーが部下に気を遣い、コミュニケーションに悩んでいる様子を目の当たりにしてきた。

事例1

部下に担当顧客を引き継がせたマネジャーから相談があった。部下は、目標を連続して達成し新規顧客開拓も順調に進めるなど成績が良かったため、次のステップに進ませようと少し難しい顧客を担当させることにした。そこは、過去に大きな取引があり実績だけはあるものの業績が伸び悩み、今のままだと今後の大きな取引が見込めない先だった。しかし、新たな提案をするチャンスでもある。元の顧客なので勘所は分かっており側面支援もできると考えていた。

しかし、部下はその頃から急に仕事へのやる気を見せなくなり成績も上がらなくなった。マネジャーと話をすることさえ避けるような態度があり、どう対応したらいいかと悩んでいた。


マネジャーは、業績改善につながるような提案をさせて実績を上げれば、次には昇進させることができるかもしれないと考えていた。ただ、それをまだ言う段階ではないと見守ろうとしていたのだ。

しかし、部下の心のうちは違っていた。部下はマネジャーから引き継いだ顧客が迷惑だった。クレームが多く何度も訪問して時間ばかりが取られ、過去の実績が大きいだけに売上を他の顧客で確保せねばならず、毎月の目標達成が危うくなっていった。最近まで活躍して目立っていたのでマネジャーは自分のことを快く思わず、面倒な顧客をわざと押し付けたのだろうと思っていた。できたらこの顧客について相談したかったのだが、我慢していたのである。

部下はマネジャーに真意を聞けばよかったのかもしれないが、上からの指示は絶対で、もし聞いたら反発しているように思われるのではないかと危惧した。マネジャーも部下に意図を説明すればよかったと思うが、つい言葉足らずになってしまった。

このように、お互いの「ほんの少しの踏み込み」がなかったことで、ギャップが生じてしまうことはある。以心伝心は理想だが、同じ部署で働いていても言動に表さないと、なかなか相手の事情や気持ちはくみにくい。冒頭の調査のように、理解できているように思っていても実はわかっていないということになりがちだ。

このとき、あと一歩踏み込むべきなのは、やはり部下よりもマネジャーだったのだろう。

インクルージョンの実践

この、マネジャーからの「ほんの少しの踏み込み」が、インクルージョンの第一歩となる。

例えば日常で、部下の挨拶の声が暗い、いつもより発言が少ないなど、ある日ふと「何か様子が違う」と感じることがあったら「何かあったのか」とさり気なく聞いてみる。

また、書類のミスが増えた、急に休むようになった、頼んだことを頻繁に忘れるなど、気になる度合いが強いときは、呼び止めて面と向かい話を聞く姿勢を見せることだ。

部下それぞれが抱える悩みは千差万別である。事例のように仕事の進め方やキャリアに関する悩みもあるだろう。他にも、育児や介護の両立、体調や健康、家族のこと、金銭問題などプライベートな問題も考えられる。会社には個人が抱える悩みを解決するための様々な制度やサービスもあるが、身近で話を聞き個別の事情に合わせた仕事時間や内容などの働き方を配慮できるのはマネジャーしかいない。

ソーシャルワーカーなど相談の専門家は、業務を円滑に行うために初対面の人から話を引き出す必要があるのだが、マネジャーも同じく、こうした専門家のスキルを参考にしてもう一歩の踏み込みを実践してみてはいかがだろうか。それにより、部下とのコミュニケーションはもっと円滑になるだろう。

この章では個々の問題に踏み込むというインクルージョンの取り組みについて解説し、第7章からは日々のマネジメントスキルをまとめていく。

悩みを相談しにくい理由

いざ踏み込むとなると、二の足を踏んでしまうのはなぜだろうか。また、部下がマネジャーにプライベートの問題などを話しづらいと感じてしまうのはどうしてなのか。そこには、幾つかの理由がある。

①仕事観

職場は戦場と言われる。そこで戦っているときは万難を排して仕事と向き合い、個々の抱える問題は自力で解決すべきという考えが根強くある。部下もこうした職場の暗黙のルールを感じ取り、抱えていることをなるべく見せないように頑張ってしまうので、周囲も気付きにくいのである。

②旧来からの性的役割分業

旧来は、仕事をする夫と専業主婦の妻との間で役割を分担していた。プライベートの問題は妻が引き受け、夫はすべての力を仕事に注ぐことができたため、仕事をしている夫は制約など何もないように振る舞うことが可能だったのだが、分業が減った今でも、職場にその振る舞いだけが残っていると考える。

③マネジャーの忙しさ

社内コンプライアンスやメンタルヘルスに関わる疾患への対応など、以前に比べてマネジャーに求められる仕事の範囲が広くなっている。プレイングマネジャーも増え、その負担は増すばかりだ。このような状況下で、部下から見ていつも忙しそうだと思えば相談はつい遠慮することになるだろう。

④マネジャーのスキル不足

問題が個人的であればあるほど踏み込みにくい。またうっかり「最近、旦那さんとの関係はどう？」などと聞くとセクハラとも取られかねないご時世であり、どのように声かけするかが難しい。

2 個々の問題に関わることの効果

部下が抱える個別の問題に踏み込むことは、コミュニケーションを円滑にするだけでなく「生産性を上げる」「負荷を軽減する」という重要な効果が期待できる。

プレゼンティーズム

労働生産性の損失を示す指標にプレゼンティーズムがある。

プレゼンティーズムは、何らかの疾患や症状を抱えながらも出勤して業務の遂行能力が低下している状態をいう。

例えば、病気で入院している子どもが気になって仕事に集中できないときや、花粉症で鼻水がひどいときに出勤してティッシュの箱が手放せないなど、いつものパフォーマンスが発揮できない状況を指す。

プレゼンティーズムは、欠勤や遅刻早退など勤怠の総称であるアブセンティーズムとともにWHO（世界保健機関）が提唱している指標である。

米国の先行研究によると、健康リスク数が増えるほどプレゼンティーズムやアブセンティーズムによる労働生産性の損失割合も増える。ここで言う健康リスクとは、栄養バランス不良、やせ・肥満、高コレステロール、運動不足、高ストレス、予防ケア未受診、生活不満足、高血圧、喫煙、糖尿病、飲酒の11項目を指している（「『健康経営』の枠組みに基づいた健康課題の可視化及び全体最適化に関する研究」２０１５年東京大学　政策ビジョン研究センター　健康経営研究ユニット）。

図16は横軸に健康リスクを、縦軸には最良のパフォーマンスを１００％とした場合の生産性の低下割合を示している。健康リスクを持ったまま仕事をすることで確実に生産性が低下することが見て取れる。

両者を比較すると、アブセンティーズムよりプレゼンティーズムの方が業績を下げる。出社していなければ目立つので意識が行きやすいが、欠勤などで不在になる損失よりも、出社していても仕事がはかどらない損失の方が大きいのであり、出社しながらも「何らかの問題を抱え集中できない状態」にこそ注目する必要があるのだ。

また、プレゼンティーズムの原因が身体症状として現れれば、医療的手段が講じられ投薬や通院などにより仕事に集中できない状態を緩和することができる。

図16 ● 健康リスク数別労働生産性損失の割合

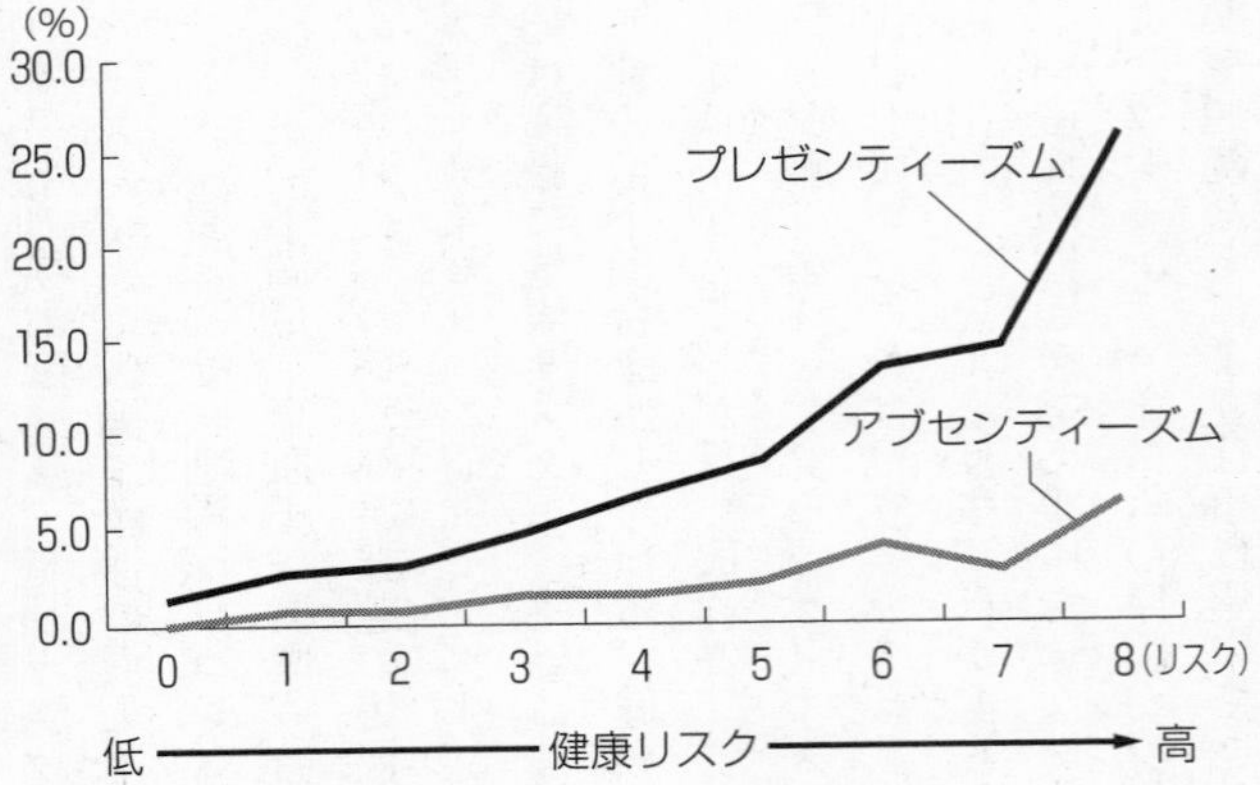

出所：Boles, M., Pelletier, B., & Lynch, W. (2004). The relationship between health risks and work productivity. JOEM, 46 (7), 737-745.

しかし、身体症状が出ていない場合は、今のところ明確な手段がないのである。

身体的に不調がなくても、抱える問題が気になり仕事に集中できないことはある。前述の「病気で入院している子どもが気になって仕事に集中できない状態」などである。ここに対応できれば確実に生産性は高まるのだが、これまでは個人の解決能力に委ねられ、部下も抱えきれない状況になるまではマネジャーに言わなかった。

起こる問題を未然に防ぐ

部下は、個人的な問題をマネジャーに言いにくい。そもそも、評価者であるマネジャーに負となる情報はできるだけ伝えたくないのだ。

しかし、問題を放置することで深刻な問題に発展する可能性が出てくる。部下が自力で解決することもあるが、突然に離職や精神的な不調などを言い出すこともありうるのだ。

事例2

40代前半の女性部下が、ある日突然「会社を辞めたい」とマネジャーに言ってきた。管理職への登用を視野に目をかけてきた部下である。理由は、中学生になる息子が不登校になり、近くにいて様子を見たいからということだった。こうした問題を抱えていることをまったく知らなかったため、あまりにも突然の離職の申し出に「もう少し考えてみないか」と言ったが、部下はもう気持ちを固めていた。

こうしたことは、マネジャーにとっては「ある日突然」なのだが、部下にとってはずっと悩んできたことである。

しかもその間、離職について悩んできたのではなく「プライベートで抱えた問題」に悩んできたのだ。その問題が抱えきれなくなったとき、離職や体調不良など別の問題として表面化する。事例のように子どもの不登校に悩んできた部下は、そのことで学校や子どもとの折衝が増え、そのやり取りのなかで消耗して抱えきれないと感じたときに「離職」を考えるのであり、最初から離職という問題があったわけではない。

部下がひとりで抱えきれなくなってマネジャーに離職を言い出したときはすでに遅く、状況を変えようとしても難しくなる。離職の予防は、離職を考えるきっかけとなる問題が発生した段階で手立てを講じなければならないのだ。

事例3

管理職に向かっているなかで妊娠、出産を経て、仕事と子育ての両立を目指す女性からの相談があった。保育園に行きはじめてから子どもの発熱が続き休みがちになり、保育園のお迎え時間が気になりイライラするという。計画したように仕事が進められないことも増え、これまで得意と思ってきたスキルにも自信をなくしてきていた。同僚の風当たりが厳しく感じることがあり、人事考課の評価も下がった。最近は首の後ろが痛くて夜中に目が醒めるという。

この女性はすでに首の後ろが痛いという症状が出ており、このまま放置すれば、メンタルの不調による身体的な症状がさらに出てくる可能性もある。こうした部下への対応も早めに行うことが大切だ。

それまでが優秀であるほど、問題が起きたときに戸惑いやすい傾向がある。期待されていた人が周囲からの評価が下がったと感じたとき、大きく落ち込む様子を、相談のなかで何度となく見てきた。人は誰しも、できていたことができなくなると辛い。

しかし、できなくなったのは能力が下がったということではない。いくら能力が高くても、これまで体験したことのないような問題を抱えると、一時的に仕事に集中できなくなることはある。抱えた問題が能力の発揮に蓋をしているだけで、それは能力がなくなったわけではないと言えるのだが、それを周囲から能力が低下したように見られることで自信を失い、余計に能力が発揮できなくなってしまうのである。

マネジャーにできること

部下が問題を抱える初期の段階からマネジャーが関わることが大事だ。子育てや介護などの問題は行政や民間に専門の相談窓口があり、インターネットにも多くの情報があるが、やはり身近なマネジャーの支援は直接的な効果を生みやすい。

例えば、前述の事例2や3の部下に、もっと手前で対応したとしよう。

マネジャーの立場なら、今後どのようなキャリア形成を期待しているかを伝え、抱える仕事の調整をする、同じような経験を持つメンバーから話を聞く、部署のメンバーへの理解と協力を促すなど様々なサポートが提案できただろう。家庭での時間が必要なときは、一時的に休みやすく配慮し、仕事量を調整することも可能だ。これらはマネジャーだからこそできることで、そもそも問題をマネジャーが知らないと休みも取りにくい。

一方で、こうした部下との関わりが増えると、そうでなくても忙しい日々がさらに忙しくなるという懸念も出るだろう。だが、先々に離職やメンタル不調などの問題に発展してしまうと、対応は複雑になる。そのときの時間や労力、心理的負担などを考えると早いうちに対応しておいた方が負荷が軽く済むと言える。

3　抱える問題は多様

部下が実際に抱える個人的な問題とはどのようなものがあるのか。ここでは、これまで職場では言いにくかったが、実は業務に影響を与えてきた可能性がある問題を、できるだけ具体的にあげてみよう。

図17は私の会社で受けたメール相談をヒントに創作した問題事例だ。

これまでの経験から推察すると、部下が抱えるワークライフの問題は、こうした内容と考えられる。

実際の相談内容は重いものから軽いものまであり、その範囲も広い。いくつかの項目が複合されていることが多く、例えば「子どもの進路に悩んでいる先には夫婦の意見の衝突があり、そこには金銭問題も隠され、自分の今後のキャリアにも関わっている」といった重複がある。

相談をする人は一見悩みがありそうには映らないことも特徴的である。

こうした相談を継続的に受けていると、朝の電車で会う綺麗に身支度ができている

図17 ● 具体的問題例（1）

マネジメントについて

- 有給範囲内だが休みがちな従業員へのアドバイスの仕方
- メンバー同士の恋愛のもつれの相談にどこまで絡むべきか
- 自分の非を認めない、謝らないメンバーへの対応
- 自分はメンバーに好かれていないのではないかと思う
- 年上部下との関わり方
- このところミスが急に増えている部下の問題を探りたいが、どのように声をかければいいか
- 突然に怒り出したり泣いたりするメンバーがいる
- 時短勤務のメンバーに周囲の風当たりがキツイ気がする
- ガンで復職したメンバーにどのように接すればいいか
- 親の介護で介護休業を取る前の部下に今できる対応は
- 遠くに住む親が倒れてパニックしているメンバーがいるが、落ち着かせるいい方法はないか
- メンバーが妊娠したことを知っているのは自分だけで人事へは6カ月になってから言うという。今自分ができることは何か

職場について

- 結婚前に子どもができたが職場に知られたくない
- つわりがひどいがそれだけだと職場に言いにくい
- 妊娠4カ月で眠くてだるいが職場でやる気がないように思われる
- 冷房がガンガンに効いていて寒くても言いにくい
- 同僚との話が合わない
- 障がいがある兄弟がいるので転勤は断る方がいいか
- 上司との折り合いが悪い
- 職場でいじめられている
- 皆でランチを食べる時にそこにいない人の悪口が出てきて嫌だ
- 上司のえこひいきがある
- 取引先にどうしても相性が悪い人がいる
- お客さんにものすごい勢いで怒鳴られてそれから時々呼吸困難になる

図17 ● 具体的問題例（2）

- 仲が良かった同僚が、最近急に冷たくなった
- 私だけ飲み会に誘われない
- 子どもの発熱で急に休んだら、翌日同僚たちが冷たい態度に
- 電話を取るのが怖い

配偶者について

- 共働きなのに夫が家事をしない
- 夫は子どもをお風呂に入れるくらいしかしない
- 共働きで生活時間が合わない夫との結婚の意味がわからない
- 配偶者から言葉の暴力を受けている
- 夫からDVを受けている
- 妻がアルコール依存でないかと思う
- 夫に借金があった
- 夫が浮気している
- 妻が離婚の話を出してきた
- 夫がガンになった
- 妻が家事を一切しない
- 妻の言葉が乱暴で汚い
- 夫の転勤が決まりそうだが一緒に行きたくない
- 不倫が妻にばれてしまった
- 夫に若年性認知症の疑いがある
- 妻は発達障がいだと思う
- 夫のパワハラがひどい
- 妻がうつ病で時々自殺を図る
- 離婚を有利にすすめるにはどうしたらいいか
- 家計管理でいつも喧嘩になる。夫婦でお財布を分ける方がいいか

恋人、パートナーについて

- 結婚式の方法で彼氏と意見が合わなくて喧嘩
- 彼が結婚の約束をしてくれない
- 彼氏が浮気しているようだ
- 実は家事が嫌いだが結婚前の彼氏に言えない

図17 ● 具体的問題例（3）

- 不倫をしているが別れたくない
- 遠距離恋愛が辛い
- 別れた彼を忘れられない
- 両親に障がいがあり相手の親から結婚を反対されている
- 複数の恋人と付き合っている
- 恋人から暴力を振るわれている
- 婚約した相手に犯罪歴がある
- 私の子どものときの難病は恋人に告白しないといけないのか
- 束縛が強くてどこに行くのも報告しないとならない
- 別れた彼からのストーキング
- ラインの脅迫メッセージ
- 彼が入院したがお見舞いに来ないでほしいと言われた
- 最近彼氏が冷たい
- 100万円貸したパートナーが行方不明になった

両親、義両親について

- いきなり病院から疎遠になっていた父の身元引受をしてほしいと連絡が来て困っている
- 老老介護をしていた母が倒れ父の介護をどうしたらいいか
- 婚家の風習が独特で、盆暮れが近づくと憂鬱
- 親から子育て中は仕事をやめるべきだと強く言われている
- 余命宣告された親の看取り方
- 親のお墓を考えないとならない
- ずっと母の言いなりで生きてきたがそれが辛く脱したい
- 父がパーキンソン病と言われたが今後どういう生活になるのかわからない
- 父親がだらしなく一緒に住んでいて顔も見たくない
- 70歳過ぎた父に恋人ができた
- 義理の両親から子どもができないことを責められる
- 母親と話をするのが苦痛だが顔を出しに来いとうるさい
- 母が転んで歩けなくなった
- 親との二世帯住宅を建てたいのだが設計段階で揉めている
- 親がお金の無心をしてくる

図17 ● 具体的問題例（4）

自分

- 恋人もいなくて今後結婚できるか不安
- 不妊治療はいつまでするか
- 切迫流産が回復したがこの先仕事が続けられるのか
- 妊娠してもタバコがやめられない
- ダイエットが続かず夜中にたくさん食べてしまう
- 風邪をひいて薬を飲んだ後で妊娠がわかった
- ダウン症の弟がいるが羊水検査は受けるべきか
- 妊娠5カ月なのに時々ビールを飲んでしまう
- 自分の乳がんの再発が怖い
- 最近特に頭がぼーっとして考えがまとまらないが病院に行った方がよいか
- 手指がひどく荒れPC操作が辛いがどうしたらよいか
- ローンを組んでまでお洋服などの買い物をしてしまう
- 夜咳が止まらない、夜だけなので仕事を休んでまで病院に行きにくい
- 急に動悸がしたり大量の汗をかいたりする
- トラウマがあり生活が困難

親戚や近隣、友人、その他

- 友達が30万円貸して欲しいと言ってきた
- ほとんどの友人に子どもがいて自分に子どもがいないのが辛い
- 親戚付き合いが多く毎週末どこかの家に行くことが苦痛
- 親戚の叔父が連帯保証人になって欲しいと言ってきた
- 友人がうつになり不安になると夜中でも朝方でも電話してくる
- PTAの役員が回ってきそうだが時間が取れない
- ママ友にいじめられている
- 自治会の会合や集まりが頻繁で仕事に影響している
- 障がい者である叔父を母ひとりで面倒を見ている
- 近所の人がゴミ出しの方法にうるさくていつも文句を言ってくる

図17 ● 具体的問題例（5）

- 隣の家がゴミ屋敷
- 上階の家の足音がうるさい
- 近隣でいつも怒鳴り声と子どもの泣き声が聞こえてくる
- 購入したマンションが欠陥住宅かもしれない
- 今飼っているペットの鳴き声がうるさいと言われた
- ペットが死んでから辛くて何も手につかない

赤ちゃん

- 3人目を妊娠したが経済的、体力的に育てられるか心配だ
- 超高齢出産で子どもができたが出産を諦めようと思っている
- 流産の悲しみから抜けられない
- 生れて半年。子どもがかわいく思えない
- 泣きやまないので昨日赤ちゃんを座布団に放り投げてしまった
- 赤ちゃんができてから上の子の育て方に迷いイライラしてしまう
- アトピーがひどい
- ぎっくり腰があるので抱いたりおんぶしたりが怖い
- 1歳の子を預け仕事に復帰して両立できるのか
- お腹の中の赤ちゃんに障がいの疑いがあると医師から告げられた
- 下の子が生まれて上の子との接し方がわからない
- 未熟児で生まれてきて病気がちで育てていく自信がなくなることがある
- 仕事への復帰を考えていたが赤ちゃんと離れたくない

幼児から小学校低学年の子ども

- 子どもに自閉症の疑いがあると言われた
- 仕事をしていると子どもと接する時間が短く愛着障がいになりやすいと言われた
- 幼稚園受験を考えているのだが周囲に反対されている
- 仕事に復帰してから子どものぐずりがひどくなった
- 保育園の運営体制に不満
- 子どもにすぐ怒鳴ってしまう

図17 ● 具体的問題例（6）

- アレルギーが多くて外食や惣菜を食べさせられず手間がかかる
- 3歳になってもおむつが取れず言葉も少ない
- 友達にすぐ暴力を振るう
- 近くで子どもへの傷害事件がありどう対処すればいいか
- 子どもがADHDだと診断されたが、関わり方がわからない
- 娘は見通しや指示理解が困難だが受診させるのが怖い
- 息子は読み書きが困難だ
- 娘は10歳になるが未だに夜尿が続いておりオムツで寝ている
- 母子家庭で毎日帰りが遅くなり子どもに寂しい思いをさせている

小学校高学年以上の子ども

- 子どもが交通事故で頚椎損傷になった
- 中学受験を嫌がるがどうしてもさせたい
- いじめにあっているのか教科書やノートが切り刻まれていた
- 中学2年から不登校
- 息子は勉強嫌いで成績が上がらず行ける高校があるのか
- 警察から息子の喧嘩で呼び出しがあった
- 息子は高校生なのに彼女が妊娠して産みたいと言っている
- 高校1年の息子が家で暴力を振るう
- 中学3年の娘が家出した
- 子どもが小学校5年生から引きこもっている
- 大学生の弟には発達障がいがあり、今後の就職活動が心配だ
- 弟は大学を卒業して2年になるが、未だに就職できないでいる
- 娘のリストカットがひどい
- 息子が会社でパワハラを受けている。息子は25歳、未だに心配で仕方ない
- 中学生の息子に授業中歩き出すなど奇行があり休学しろと言われた

出所：筆者作成

女性も、街のなかを早足で闊歩しているスーツ姿の男性も、打ち合わせの席で滑舌良く話す人も、誰もが何らかの問題を抱えているように思えてくる。

人はギリギリまで問題を周囲に見せようとしない。職場の場合はなおさらだ。しかし、マネジャー経験が長い人の中には、面談の席などでほんの少し問題に触れただけで、急に泣き出す部下に接したことがあるのではないだろうか。そして、接した際にはじめて大変な状況を抱えていることが分かる場合がほとんどだろう。

実際の相談を行うと「今まで誰にも相談できなかった」「親にも、友人にも、ましてや同僚にも」「相談できる人が周囲にいない」といった言葉を頻繁に聞く。

仕事と家庭の両立ストレス

仕事と家庭の両立からストレスを抱えている人は多い。「パネル調査」では、全就業者の68・3％が仕事と家庭の両立ストレスを抱えており、さらに正規の社員だけを抜き出すと72・4％もの人がストレスを抱えていた。

特に働く母親は、様々なストレスにさらされやすい。

ストレスは、日常の苛立ちごとと言われる「デイリーハッスル」と、人生の大きな出来事である「ライフイベント」に大別できる。デイリーハッスルは、心理学者のラザルスとフォークマンが命名した言葉で、ライフイベントは、米国の社会学者ホームズと医師のレイが「社会的再適応評価尺度（SRRS）」で発表したものだ。

これらは別々のストレス定義だが、日々の生活でのストレスは両方があり、仕事と家庭にもまたがっている。

そこで、デイリーハッスルとライフイベント、仕事とプライベートという2軸から4つのステージに分け、全方位的にストレスを捉えた調査を実施した。これが、「働くマザーのストレス調査」（2015年 リクルートワークス研究所）である。この調査は、ソーシャルワーカーが相談を受けてきた経験を元に分析を行ったもので、筆者も関与している。その結果の一部が図18であり、デイリーハッスルとライフイベントで働く母親と父親の抱えるストレスの高い順に上位15項目を並べている。項目の右側の数字は100点満点でのストレス平均点を示す。

網掛けの項目が仕事で、そうでないものがプライベートの項目だ。デイリーハッスルでは、父親に比べて母親の方がプライベートの項目が多いことが分かる。

ここに載っている項目は、部下が「個人的な問題」として抱える可能性が高い。特

図18 ● デイリーハッスルとライフイベントのストレス値

デイリーハッスル（日常の苛立ち事）のストレス値　TOP15

働くマザー

1	職場内でのいじめ・いやがらせ	63
2	仕事の成果を正当に評価されない	61
3	自分に合っていない仕事内容	60
4	顧客からのクレーム	60
5	配偶者の性格や態度	59
6	上司との折り合い	59
7	配偶者の家事への非協力	58
8	急な休みがとりにくい	57
9	保護者会やPTAなどの活動	56
10	目標達成のプレッシャー	56
11	親族や親戚との付き合い	56
12	自分の仕事を代わりにできる人がいない	56
13	子どもの進路	55
14	子どもの整理整頓、片付け	55
15	配偶者の子育てへの非協力	54

働くファザー

1	自分に合っていない仕事内容	65
2	拘束時間が長い	64
3	自分の仕事を代わりにできる人がいない	62
4	顧客からのクレーム	62
5	通常勤務時間内に処理できない仕事	61
6	目標達成のプレッシャー	61
7	仕事の成果を正当に評価されない	61
8	上司との折り合い	60
9	仕事が少ない	60
10	高度な知識や技術が必要な仕事	59
11	体にきつい仕事	59
12	家計の切り盛り	55
13	職場内でのいじめ・いやがらせ	55
14	家族や親族の仕事をすることへの無理解	55
15	配偶者の性格や態度	54

ライフイベント（人生の大きな出来事）のストレス値　TOP15

働くマザー

1	配偶者の失業	86	
2	配偶者のギャンブル依存	82	
3	配偶者からのDV（暴力）	80	
4	配偶者の収入減	78	
5	パワハラ（権力によるいやがらせ）	78	仕事
6	セクハラ（性的いやがらせ）	76	仕事
7	会社の倒産、解散	76	仕事
8	300万円以上の借金	75	
9	離婚・離婚の話し合い	75	
10	不妊治療	74	
11	強制的に担当していた仕事から外される	73	仕事
12	将来の生活費・教育費の不安	72	
13	マタハラ（妊娠によるいやがらせ）	72	仕事
14	子どもの不登校や引きこもり	71	
15	配偶者の浮気、不倫	68	

働くファザー

1	親との同居、別居	90	
2	流産	85	
3	子どもの全治1ヶ月以上の怪我	75	
4	配偶者の病気による入院や手術	72	
5	配偶者の全治1ヶ月以上の怪我	72	
6	自分の全治1ヶ月以上の怪我	70	
7	パワハラ（権力によるいやがらせ）	69	仕事
8	離婚・離婚の話し合い	67	
9	将来の生活費・教育費の不安	66	
10	不妊治療	65	
11	転職	63	仕事
12	配偶者の浮気、不倫	63	
13	300万円以上の借金	63	
14	親の介護	63	
15	強制的に担当していた仕事から外される	60	仕事

□ プライベート　▨ 仕事

出所：「働くマザーのストレス調査報告書」2015年　リクルートワークス研究所

に、ライフイベントの項目は、デイリーハッスルに比べて問題が深刻になる場合がある。

まずは項目をざっと眺めることで、部下が抱える可能性のある問題をある程度知ることができる。そのうえで接すれば、部下も胸の内を打ち明けやすくなるだろう。

4 個々の問題に踏み込む姿勢

これまで個人からの相談を受けてきた経験から、マネジャーが部下の個別の問題に踏み込むための具体的方法について考えてみたい。

インターフェレンスへの注目

総合セキュリティ対策ソフト「ウイルスバスター」で知られる、トレンドマイクロ社の共同創業者ジェニー・チャンは、著書『世界で闘う仲間のつくり方』（ダイヤモンド社）の中で、「P＝p－i」という公式を使って自分たちのマネジメント哲学を説明している。

最初の大文字の「P」はパフォーマンス（performance）で「全体の業績」を指し、次の小文字の「p」はポテンシャル（potential）で「個人の潜在能力」を表す。「i」は、インターフェレンス（interference）で、潜在能力の発揮を「阻害する要因」を表している。

企業において重要な資産は人であり、誰もが限りない潜在的な能力を秘めている。ここで、才能を自由に発揮できる環境を提供すれば、潜在能力が刺激され共通の目的に向かうことができる。才能が自由に発揮できないのは、それを阻害するインターフェレンスがあるからで、それが取り除かれれば自分の持つ長所を限りなく出すことを楽しみ、能力を心ゆくまで発揮し続ける。この状態で互いのメンバーが共振する効果は予測しがたいほど高く、組織の業績が必然的に上がっていくという考えだ。

トレンドマイクロ社の「P＝p－i」の考えは、インクルージョンの発想と共通している。

そして、まず注目すべきがインターフェレンスである。

ジェニー・チャンは、インターフェレンスの原因にマネジャー自身がなる可能性を指摘している。マネジャーの干渉が強いと部下が能力を発揮できないと言う。

子どもの頃に、親や学校の先生から余計な干渉をされると、やる気を失うようなことがあったのではないかと思う。人は、できるだけ周囲から放っておいてほしい、自由でいたいと思うことがある。つまり、マネジャーの関わり方次第で、部下の抱える問題の救世主にもなれば、余計なものにもなりうるということだ。

部下が個人的な問題を抱えたときに、マネジャーは問題そのものを解決できなくても、仕事の時間や量の調節、メンバーへの協力、仕事内容の配慮などをすることができる。その支援は問題を解決していくうえで重要であり、これまでより少し部下に踏み込むことで力を発揮できると考えられる。

せっかくのその行為が、余計な干渉と取られないようにしたいものだ。

真摯な想い

それにはまず「真摯さ」が大事だ。真摯な想いは人に通じる。何とか助けたいという真剣な想いが部下に伝われば、余計な干渉とは思われない。

これは、マネジャーが持っていなければならない資質として、P・F・ドラッカーが著書『現代の経営』(ダイヤモンド社)の中で挙げている「真摯さ(Integrity)」でもある。真摯さは、正直、誠実、高潔などの意味だが、ドラッカーが言っている真摯さの意味は一貫性や一徹と解釈できる。ぶれることなく部下への真剣な想いを貫く姿勢とも言えるだろう。

また、真摯さは「一期一会」という言葉でも説明できる。本来の一期一会は「一回だけの出会いを大切にする」ではなく、「生涯に一度しかない今の瞬間の共有に感謝する」という意味になる。袖振り合った人ではなく、毎日会っている人との一瞬の共有を大切にするということであり、目の前の部下を何よりも大事にするということだ。

異動があるなかで、部下との関係は期間限定的となる。しかし、その間にマネジャーは部下を成長させていく使命があり、自分が関わったすべての部下には無限の能力があると信じ、問題があるときには支え、伸びるときには様々な機会を与えて背中を押していく。このようなマネジャーの下で育った部下は、その後に自分の部下に同じ想いで接していくに違いない。

7つの原則

部下に向かう具体的な方法としては「バイスティックの7原則」が参考になる。

これは、相談の専門職がクライアントと接するときに守るべき姿勢として、F・P・バイスティックという米国のソーシャルワーカーが発表しており、この原則を守ることで、初対面のクライアントからの信頼を得ることができるという（『ケースワークの原則　援助関係を形成する技法』F・P・バイスティック著　尾崎新・他訳　誠信書房）。

バイスティックの7原則は、マネジャーと部下という関係においても通用する。これを日々のマネジメントに応用した内容が以下となる。

①個別化

部下の抱える問題はひとつとして同じではなく、一見、同じような内容でも人により感じ方は違う。相談する側も、他の人の悩みと同等に扱われると、自分のことを理解してくれていないと感じる。

同じように、部下は一人ひとりが違うのであり、一括りにして捉えないことが大事だ。「うちの女の子が書類を取りに行くので」とか「皆が管理職になってほしい」と言った発言は一括りにしている典型である。主語が誰なのかがはっきりしないと「誰でもいい」「どうでもいい」と言っているようにも聞こえる。

②意図的な感情表出

部下が気持ちを素直に言える状況をつくる。大人になると喜怒哀楽を出すことをためらうが、感情を出しているときは本音を話しやすい。ネガティブな問題を聞き出すためには感情を出せるよう仕向けることが大切となる。ソーシャルワーカーの面談では、思い余って相談者が泣き出すことがあるが、そのときは心の声を吐露していると考え、そのまま話を続け感情を塞がないようにする。意図的な感情表出とは、部下が感情を出せるように意図的に振る舞うということだ。

③統制された情緒関与

逆に話を聞くマネジャーは感情を極力抑えたい。これは、部下が話しやすい状況をつくるために必須でありそもそも面談時に限らず、感情的な上司がいちばん嫌われやすいと言える。嫌いな上司の特徴には「嫌味ばかり言う」「すぐに怒鳴る」または「ぺこぺこ謝る」などがあり、逆にテンションが高すぎるなど「そう状態」の上司も嫌われやすい。

『福翁自伝』で福沢諭吉は「喜怒色に顕《あらわ》さず」という漢書の一句に感銘を受け、これを金言としたとある。褒められても心のなかでは喜ばない、軽蔑されても怒らない、顔を赤らめて議論をしないなど、生涯、喜怒の感情を表に出さないよう心がけていたという。

④受容

受容とは、何を聞こうともまずは否定せずに受け止めることだ。人は、相手から受け入れられているかを瞬時に察知し、最初に少しでも否定された言葉を聞くと心を閉ざしてしまう。たとえそう見せなくても、心のなかでは本音を言うまいと思うようだ。まずは、肯定から入ることが鉄則だ。

また、他部署から異動してきた部下に対して、前の人事評価で判断してしまうのではなく、先入観を捨てまっさらな目で見ようとすることも受容のひとつと言える。そうすることで、これまで発見できなかった能力を見つけだすことができるのである。

⑤非審判的態度

部下の評価はマネジャーの大事な仕事だ。しかし、マネジャーは部下の仕事の第三者ではなく、部下の仕事に影響を与え成果に大きく関わっているパートナーである。第三者として非難したり突き放した態度を取ることにより、部下はモチベーションを下げる。仕事の結果は、両者に責任があると考えたい。

⑥自己決定

様々な解決策を検討した後で、最終的にどう選ぶかは部下自身に決めさせる。マネジャーからの指示や命令ではなく、自ら決めることで責任が生まれ、成果に対して自信も出る。マネジャーは、決定の過程を側面からサポートする役割に徹するべきである。

⑦秘密保持

マネジャーは部下の秘密を知る立場にいる。しかし、何であれ知りえた部下の秘密を周囲に話してはならず、もし周囲に言う必要が出た場合は必ず本人の確認を取る。マネジャーにだけ話したことが周囲に知られていた時は、信頼感が一気に失せるだろう。個々の問題に踏み込む時は、特に秘密保持の徹底が必要だ。

問題を聞き出す

次に、部下から問題を聞き出す方法について考える。

人が相談するときには、2つの躊躇があると考える。

まずは「相談をすること」そのものの躊躇だ。相談は何らかのネガティブな話題を人に伝えることになるため、避けたいという気持ちが先に立つ。相談するのは、その行為に慣れているか、切羽詰まっているときが多くなる。

次に「本音を言うこと」の躊躇である。勇気を持って相談しても、やはりストレートに事実を言いにくい。嘘を言うということではなく、特に最初は事実とは少し違う穏やかな話に仕立ててしまいがちである。

これらを払拭して問題を聞き出すためには、部下の興味や関心に沿って話すことだ。人は関心があることに対して饒舌になり、話していくうちに抱えている問題に近づいていく。例えば、親や子供、配偶者、恋人、ペット、趣味、新築や引っ越し、高価な商品の購入などだ。

飼っているペットに関心が深い場合、ペットの名前や種類、年齢などを聞いてみる。大好きなペットのことを話していくと、ペットとのことで近所とトラブルがある、親の介護で時間が取られてペットのケアができない、子どもがいじめにあっているのでペットを飼いはじめたなど、具体的な問題に行き着く可能性が出てくる。この場合は「近所とのトラブル」「親の介護」「子どものいじめ」が抱えている問題となる。

ここで大事なことは、一度聞いた情報は必ず覚えておくことと、一度にあれこれ聞かないことである。ペットの名前や種類などを聞いたらメモをして覚え、次回はそこから話す。自分の関心が深いことに興味を持ってくれるのは嬉しく、より多くのことを話してくれるだろう。また、話は長引かせず、できたら一言、二言交わしながら様子を見る。小刻みに話す機会を作っていく方が、内容を誤魔化しにくく本音が出やすい。

こうして、メンバーの置かれている情報を折に触れて聞き出しておくことで、その後の相談がスムーズに運ぶのである。

マネジャーには部下の問題を軽減する力がある。部下が伸び、チームが成果を出し、会社が業績を伸ばし、より良き社会を形成していくすべての源流に、マネジャーが立っていると言える。

第7章

すべてのマネジャーが直面する悩み

第7章から第8章にかけて、様々な問題別に部下へのマネジメントを考えていく。これらに対応していくためには、まず「問題についての基礎知識を持っておくこと」、そして「対応するマネジメントの勘所を理解しておく」ことが大事である。

1　育児との両立を抱えた部下【妊娠から産前休業までの支援】

仕事と子育ての両立支援は、おおよその経過が決まっており、制度も整いはじめているため、知識を得ていくことで対応がしやすくなる。経過は「妊娠から産前休業まで」と「育児休業から復帰まで」に大別できる。

この妊娠から育児休業復帰までの過ごし方が、その後のキャリア形成に大きな影響を与える。

事例4　突然の妊娠報告

「ちょっと話があるのですが、お時間いいですか」と、ある日、部下が深刻な表情のまま別室での話を申し出た。部下からの話は妊娠の報告だった。妊娠5カ月の安定期に入り、メンバーにも伝えようと思うと言いながら、あまり嬉しそうな態度は見せなかった。それは、出産、育児と進む今後を考えると、会社や部署に多大な迷惑をかけることがわかっているからだろう。深刻な顔のまま「すみません」と頭を下げた。

彼女は、特定分野で中心戦力となっていた。マネジャーはいずれ管理職に推薦しようと「次はプロジェクトリーダーを任せて、業績を上げさせて……」などの育成のシナリオを考えていた。

妊娠は、プライベートでは喜ばしいことであっても、仕事上ではおめでたくはないと思うのが多くのマネジャーの本音ではないだろうか。

マネジャーは悩ましい心境だったにちがいない。これから妊娠期間を経て、長い育児休業に入ってしまう。復帰することもあれば、そのまま離職する場合もある。部下のために良かれと思ってコツコツと進めてきたキャリアのシナリオが崩れてしまうかもしれないのだ。戦力が減る分、その穴埋めもしていかなくてはならない。「さて、どうしたものか」と報告を聞きながら、考え込んでしまうことも多いだろう。

しかし、ここではやはり何であれ「おめでとう」と答えることが大事だ。それは、マネジャー自身のためにもなる。

リクルートグループのマネジメント層に実施した社内調査によると、妊娠した部下を持った経験のある課長の70％は「まずは『おめでとう』という気持ちを伝える」「『おめでとう』の声かけが大事」など、何はともあれ祝福の言葉を掛けるよう留意しているようだ。

事例5

不妊治療でやっと妊娠したにもかかわらず、報告したときに直属のマネジャーから「おめでとう」と言われず「そうですか」と呟き曇った顔をされた。マネジャーは不妊治療をしてきたことを知らなかったようだが、部下はその態度に驚いた。あまりのショックに仲のいい同僚にマネジャーの様子を伝えると、その話がいつの間にか部署に広がり、社内の若い女性たちが、そのマネジャーを嫌うようになった。

妊娠の報告を受けてからも、部下へのマネジメントは続くのであり、このような態度で関係を崩してしまうと後々の修復が難しくなる。頭のなかで「困ったな」と思っても、曇った表情を見せずに爽やかに「おめでとう」と言うことが、仕事と子育ての両立支援における大事な儀式といっても過言ではない。

妊娠の経過

ここで、妊娠期間中の変化について簡単にまとめておこう。

妊娠は、初期、中期、後期に分けられる。妊娠日は直近の月経開始日から割り出され、そこから4カ月までが妊娠初期、5カ月から7カ月が妊娠中期、8カ月から10カ月の出産予定日までが妊娠後期となる。ただし、月で数えても、妊娠日から出産予定日までを0〜40週とし「4週を1カ月」として数えるため暦上の月とは違ってくる。

妊娠初期は、今後の出産や子育てへの不安、流産の心配、つわり、疲労感など精神的にも肉体的にも不安定な時期である。つわり症状は50〜80%の女性が経験すると言われており、見た目では妊娠していることがわかりにくく周囲が配慮しにくいが、実は出産までの間でいちばんナーバスな時期だ。
妊娠には個人差があり、妊娠期間中ずっとつわり症状がある人や切迫流産で入院し続ける人もいるが、一般的には5カ月を迎えた頃から中期となり、初期の症状が治まり心身共に楽になる。お腹のふくらみで体が圧迫され動きにくいということも少なく、体調に問題がなければ旅行やスイミングなども可能となり積極的に体を動かすことを勧められる。胎動が感じられるようになるのもこの頃であり、安定期とも呼ばれている。

妊娠後期になると、胎児の体重が増加しお腹のふくらみが目立つ。お腹をかばった動作が増え、体が反り気味になり動きもゆっくりとなるなど一般的にイメージする妊婦の姿かもしれない。妊娠の経過が順調な場合、妊娠10カ月目から産前休業に入る。

こうした経過をたどるなかで、マネジャーだけが部下の妊娠を知っている時期が出てくる。

ひとつには、妊娠初期の早いうちにマネジャーだけに報告があり流産の不安がなくなるまでメンバーには言わないでほしいと言われる場合だ。社内で知っているのが自分だけというときは、特にマネジャーの配慮が大事になる。

また、安定期に入ってからマネジャーに報告してくることもある。メンバーにはほぼ同時に伝えはじめるが、それでも人事部への報告とはタイムラグが発生する。育児休業の申請時期である妊娠6カ月に人事に報告することが多くなるため、マネジメント側としては自分しか知らない時期が2カ月ほど生じる。

この、自分しか知らないときにどう対応するかが極めて大事になる。

まずは、いつ妊娠を周囲に言うかを本人としっかり話し合うことだ。妊娠すると体調が変化し、これまでとは仕事内容を変えたり満員電車を避けて通勤するなど、勤務体制の配慮が必要な場合があり、妊娠を伝えた方がメンバーの協力を得られやすくなる。人事の様々な制度を調べるときも部下の妊娠を言う方がスムーズだろう。

しかし、たとえ部下のために良かれと思っても、決めた公開スケジュールは必ず守らなければならない。周囲に報告する方がいいと思う場合は、必ずその前に本人の同意を得るべきである。妊娠はおめでたいことだからと軽い気持ちで周囲に話してしまうと、それを知った部下は嫌な思いをするだろう。ここでも信頼関係を崩すことにつながりかねない。

復帰後のキャリア形成

妊娠した部下は、マネジャーと復帰後のキャリアについて話し合えていないようだ。マネジャーへの報告と人事への報告のタイムラグがある安定期の2〜3カ月間は、部下の今後のキャリア形成について話し合う絶好のタイミングである。しかし、前述の妊娠中の部下を持った経験を持つ課長への調査では、妊娠の全期間を通して部下と復帰後の話し合いをしたというマネジャーが9％しかいなかった。

特別な事情がない限り復帰後には元の部署に戻ることが原則だ。妊娠時に今後のキャリアについて話しておくことは部下のキャリア形成において大事であり、復帰後に部署に迎える体制を作りやすくする。

事例6

妊娠中に、育児休業の長さや復帰後の仕事内容についてマネジャーに相談したところ「産んでからじゃないとわからないよね」と言われ、その後に話が進まなかった。マネジャーにどう話したらいいかと悩んでいた。

事例7

20代後半の女性からの相談で、出産後はできれば早めに復帰したいと考えていたが妊娠報告をしてすぐに復帰後のことを言い出すのを躊躇っていたところ、マネジャーから「子どもが生まれて辞めるとしたら、こうした手続きが必要で……」と辞める前提で話され、どう切り返したらいいかわからないとのことだった。

マネジャーは配慮のつもりで話したのかもしれないが、それにより事例6、7の女性たちは戸惑っている。出産後のことは決めつけないで本人の意思を確認することが大切だ。

また、復帰を考えている場合、育児休業をどれくらいの期間取得しようとしているのかを妊娠中に話し合っておくことも大事だ。空白期間を知ることで、派遣など臨時の戦力を配置する、新しいメンバーを置く、他のメンバーに代替させるなど穴埋めの方法を計画することができる。また、第2章で触れた職務の細分化などのテクニックも役に立つ。

社内制度の把握

次世代育成支援対策により、育児・介護休業法で定められた内容よりも手厚く、育児休業などの両立支援制度を設けている会社が増えている。マネジャーは自社の制度についてしっかりと把握しておきたい。

事例8

有期雇用の契約社員の女性が、マネジャーに妊娠報告をしたが、その後に不安が募ると相談してきた。契約社員やパートなどの有期雇用社員は、契約内容によっては妊娠により辞めなくてはならないなど不安定な状態に陥りやすい。戦力として契約更新を繰り返しているような状況なら、育児休業後に復帰することが可能な場合もある。しかし、マネジャーは会社の制度を把握しておらず、人事に聞くと言ったが、その後に何も教えてくれないという。

事例8の女性は、これでは安心して仕事ができないだろう。社内の制度を把握し的確な情報を伝えることは、部下の頑張る気持ちを支えることになる。

部下の意志を確認すると、仕事を辞めたいという話が出ることもある。

その場合、家庭の事情や子どもの近くにいたいという育児観に基づく意向であれば気持ちを尊重するべきだが、漠然と仕事と育児を両立することへの不安が理由としたら、その解消を試みることが先決だ。

第1子出産を機に離職する女性の4割が離職したことを後悔している（「仕事と育児の両立に関する就業者および就業希望者調査」2015年　株式会社リクルートホールディングス）。また、一度離職するとこれまで積み上げた職業キャリアの継続は難しくなる。キャリア形成に関するマネジャーの期待や両立支援の制度などの情報を提供することで、部下が後悔のない選択ができるよう取り計らっていきたい。

2　育児との両立を抱えた部下【育児休業から復帰までの支援】

部下のキャリア支援

事例9は育児休暇からの復帰が近づいた部下とマネジャーの話である。ここでのマネジャーの対応には少々問題がある。

事例9

育児休業中の部下の復帰が近づき、今後について話し合う日を迎えた。久々に会った部下は「長い間お休みをいただいてすみませんでした」と謝った後、生まれた子どもの様子を話しはじめた。1歳を過ぎて歩くようになったので目を離せないが、順調に育っているという。また、最近になり夜泣きをして困らせることがあるが、保育園に通うようになると疲れてよく眠ると聞いているので、早く仕事に復帰して保育園に通わせたいと言った。そう言われてみると睡眠不足気味なのか顔が疲れているようにも感じた。

育児休業を取るまで、部下は営業担当で男女関係なく月々の成績を競い残業もしていた。マネジャーは今の状態で以前の営業職に就かせるのは酷かもしれないと考え、今なら事務に代われること、その方が時短勤務もしやすいことを伝えた。部下は、しばらく事務職で時短勤務をお願いしますと言った。

育児休業は労働者の権利である。取得した部下が「すみません」や「ご迷惑をお掛けしました」などと謝ることがあるが、挨拶として謝ることはあっても、それをマネジャーが当然のこととして受け止めてはいけない。

しかし、問題は別にある。

営業は大変だろうからと、部下の気持ちを聞くことなく事務職への変更と時短勤務を勧めたことだ。

復帰直前の部下は、今後、仕事と育児を両立できるか不安でいっぱいだ。出産から1年ほどが経ち、子育ての大変さを感じているときでもある。そのときにマネジャーからの提案を翻して「営業で頑張らせてください」という自信は持てないだろう。

もちろん、仕事や子育ての価値観は個々で違いがあり、時間の融通が利きやすい楽な仕事に変わることを希望する人もいるだろう。ただ、仕事の上司である以上マネジャーには部下のキャリア形成を支援する役割がある。

この間の過ごし方は、その後の職業人生において大きな違いを生み出す。時短勤務中はキャリアを積み上げていることにならないが、働き方改革の推進により残業を減らしていくことができれば、「残業をしないフルタイム勤務」も可能となり、この勤務形態ならキャリアを積み上げていくことができるのだ。

例えば子どもが小学校に上がるまでの時短勤務制度がある場合、それを利用した5

年間とフルタイムで働いた5年間ではキャリアに大きな隔たりができる。少なくともマネジャーから率先して「育児休業復帰後は軽い仕事で、制度が許す期限いっぱいまで時短勤務」と考えることは避けたい。

また、本人が営業を続ける気持ちがあれば、担当する取引先の数や内容を調整する、残業が増えそうな取引先を変更する、ペアで担当を持ち補完する、チームの様子が共有できるよう可視化するなどの方法で継続が図れるかもしれない。キャリア形成の可能性を潰すことなく何が支援できるのかを考えていきたい。こうした対応を進めていくことは、他のメンバーにも良い影響が出るだろう。

復帰への準備

育児休業期間が終わりに近づくと、復帰のための様々な準備がはじまる。

人事面談や上長面談は多くの会社で行っており、このときに生まれた子どもを一緒に連れてくる場合もある。他にも、復職者セミナーを実施する会社や育休中の社員を集めたイベントを開催する会社もある。復帰時には、業務内容や本人の希望などで他の部署に異動になることもあるが、それもこの頃になればはっきりするだろう。

復職の準備で大切なのが、部署内の情報を共有することである。復帰3カ月前くらいになったら、部署内の会議議事録や復帰後に知っておくべき資料をメールで共有すると良いだろう。休業が長期だっただけに仕事に復帰するときは不安でいっぱいになる。部署内の情報に触れることは、単に情報を得るということだけでなく不安を解消し仕事への感覚を取り戻していく大切な準備となる。

保育園問題

悩ましいのは保育園問題だ。

事例10

育児休業取得中の社員からの相談だった。来年4月からの認可保育園申し込みに11月に申請を出したが、申し込みが多く入園できない可能性がある。結果は3月にならないとわからず、5月からの仕事の復帰を考えているが入園が待機になる可能性が出てきた。認可外保育園を探して仕事への復帰を優先するか、子どもの環境としていいと思える認可保育園の入園を優先するかを迷っていた。

保育園問題に関わる相談は多い。

「いつから保育園探しをするべきか」「保育園の申し込みで有利になる方法は何か」「育児休業中に赤ちゃんが入院したが保育園に預けられるか」「復帰スケジュールを決めていたものの保育園が見つからない」「認可外保育園に入園させることの不安と金銭的負担」などである。保育園探しが大変なため、妊娠時の身軽なときから情報収集をスタートし、産前休業中に見学に行く人も増えている。

事例10の場合は、認可外に申し込みをすることで認可保育園入園のポイントとして加算される場合がある。また認可外保育園は認可保育園に比べてレベルが低いということではなく、園の方針として認可を取らずに運営している場合もあるため、気になる園を見学してみるのもよいだろう。

厚生労働省が2017年4月1日に発表した待機児童数は、2万6081人で前年より2千528人増加している。しかもこれらの数字は、「隠れ待機児童」と言われる親の育児休業の延長や求職活動の中止、認可外保育園へ入所した子どもを除いて集計している。2017年の集計から隠れ待機児童数が含まれることになったため、

図19 ● 保育園の種類（1）

保育園	認可保育施設	認可保育園（保育所）	市区町村が申込みを受付。施設の広さや保育士の人数、防炎管理などが国の基準をクリアしている。原則としてその市町村の在住、在勤者が対象で、保育料は比較的安い。公立保育園と私立保育園がある。夫婦ともに1日8時間以上の勤務や兄弟の人数が多い場合、片親の場合は入所しやすく、夫婦のどちらかが短い勤務時間や祖父母が近隣に住んでいる場合などは入所しにくくなる。0歳児保育が少ない、延長保育が不十分などのデメリットがある。
保育園	認可保育施設	小規模認可保育所	市区町村が申込みを受付。平成27年度より開設され、定員が6～19人。0～3歳児未満が対象となる。
保育園	認可保育施設	家庭的保育	市区町村が申込みを受付。定員3～5名が多い。少人数で家庭的な保育が可能だが、3歳になると利用できず、利用枠も限られている。
保育園	認可保育施設	認定こども園	各園が申込みを受付。国が定める認定こども園の基準に則って設置・運営される。幼稚園型、保育園型、幼保連携型など園ごとにスタイルが違う。保護者の就労の有無と関係なく子どもを受け入れ、教育と保育を同時に行うのが特徴。まだ数が少ない。
保育園	認可外保育施設	自治体による独自保育事業（認証保育園、認定保育園など）	各園または自治体が申込みを受付。待機児童問題が顕著な東京都（認証保育所）や、神奈川県（認定保育園）、横浜市（横浜保育室）など地方自治体の独自制度。例えば東京都の認証保育所は、A型（駅前基本型）とB型（小規模、家庭的保育所）があり、0歳児保育を実施し13時間以上の開園を義務付けている。自治体から補助金が出ているため、他の認可外保育施設よりは保育料が安くなる。金額の目安は、月220時間以内の場合、3歳までが8万円、4歳以上が77000円を超えないという基準がある。
保育園	認可外保育施設	その他認可外保育園	各園が申込みを受付。保護者の状況に関係なく入所できる保育園が多いが、認可保育園に比べると値段が高く、施設が狭い、園庭がない、保育士が少ないなどの場合もある。しかし、全ての施設の条件が悪いわけではなく、園の方針としてあえて無認可のままでいるところもある。申し込みをしてその場で決定する場合もあるので、事前調査が必要。

図19 ● 保育園の種類（2）

保育園	認可外保育施設	事業内保育事業	各園が申込みを受付。3歳未満対象。基準を満たした病院内や企業内の保育所。企業内保育所には従業員以外が利用できるところもある。
		ベビーシッター	ベビーシッター会社により、依頼者の自宅に登録シッターが派遣されるサービス。料金は時間制が多く、時間あたり数千円がかかる。相性の良いシッターが確保できるか、また金額の負担ができるかという課題がある。
幼稚園		預り保育	各園が申込みを受付。3歳児以上を対象に、日中に4時間程度の保育を実施する文科省管轄の施設。昼間時間が短いため働く母親には利用しにくいが、中には定時以降も預り保育を実施している園もある。

出所：公益財団法人東京都福祉保健財団等の資料を元に著者作成

2018年4月に発表される待機児童数はさらに増加すると予想されている。

図19は様々な保育施設とサービスである。こうした情報を一通り知っておくことは、部下の問題を把握することにつながるだろう。

結婚や妊娠を機に他の会社を離職した人を、出産後に新規採用することがある。

この場合、その人は、仕事を探しながら子どもの預け先を探しているわけだが、仕事の内定と保育園の決定を同じタイミングで進めることが難しい。認可の保育園に入園するには仕事が決まっていないと申込みができないが、保育園が決まっていないと採用が決まっても働き出すことができないというジレンマに陥る。

そこで、採用したい人になるべく早めに内定を出し保育園が決まるのを待つという姿勢を見せることで、より良い人材が確保できる可能性が高まる。社内保育園が整備されている場合は、そこに一時的に預けてから自宅近くの保育園を探してもらうという方法もある。

育児で備わる能力

仕事と育児の両立をしている部下は、その経験により様々な能力が向上する。

そのひとつが「時間管理能力」である。保育園のお迎えという後ろの時間が決まっている以上、すべてをそこに合わせなければならない。この条件のなかで必要な仕事をこなすには、無駄なことは一切できない。分単位でタスクを進めるなど、できるだけ効率的な進め方を捻出するようになる。マネジャーもこの時期の部下には特にしっかりと仕事内容を説明し、無駄な仕事をさせないように配慮したい。

子育て中は家庭のなかも忙しい。赤ちゃんの食事や入浴、おむつ替え、着替え、寝かしつけなどの世話だけでなく、自分たちの食事の用意や掃除、洗濯、買い物などの家事にも追われる。先々を想定して早めに物事を進めたり同時に進めたり、突発的な出来事にも対応できるように隙間時間を確保したりと合理的に進めるための様々な

「段取り力」を身につけていく。

また、赤ちゃんは自己主張が強く言葉を理解しない。忙しく何かをしているときでも関係なく泣き、そのときは何をしていようが優先して世話をする必要が出てくる。しかも、それはいつまで続くかはわからず計画が立てられない。こうしたことを経験していくことで「忍耐力」や「包容力」が養われていく。

時間管理能力や段取り力、忍耐力、包容力などは、仕事をするうえでも大事な能力である。

3 職場の困った部下

マネジャーが何かと頭を抱えたくなる部下がいる。プライベートの問題を抱えているとは思えないが、対人関係や仕事の進め方に問題がある部下であり、最近そのような相談が増えている。

こうした困った部下には「自己中心型」や「注意散漫型」などがあり、両方を持っている場合もある。「自己中心型」は周囲を低く見下し敵対心を持っているような態度を取る。「注意散漫型」は、人の気持ちを察することが苦手で、想定できないようなミスをする。両者とも周囲との軋轢《あつれき》を起こしやすいのだが、マネジャーの対応次第で問題を軽減することは可能だ。

事例11　ある男性部下が、年上のメンバーと初めてチームを組むことになった。打ち合わせのとき、年上のメンバーに対して最初から「そういう仕事の進め方をするんだね」と友達口調で話したという。しかも、提案の方法を皆で出し合うと、皆の意見をことごとく否定し自分のプランを主張した。そのプランに問題があったため「それで進めるわけにはいかない」と言ったところ「それなら自分が関わる意味がないので」と言い、急に立ち上がって会議室から出て行ってしまった。

事例12　マネジャーが、新しいプロジェクトの進行表の作成を異動してきた部下に依頼した。前の部署からの引き継ぎで、これまでも似たような仕事をしてきたと聞いていたため、概要を説明してできるかと尋ねた。部下は「大丈夫です。これまでもやってきたことなので明日にはできます」と答えた。それから2日が経った。部下は何も言ってこないが、取引先に持参するのは明後日だった。どうなっているのかと聞くと、部下は言われた表を出してきたが明らかに未完成だった。そして部下は「今の状況では未定のことが多く進行表作成は難しいです」「そもそも、取引先に進行表を提出すると言ってしまった担当者に問題があります」と言った。それがわかった時点でどうして相談しなかったのかと尋ねると「いいじゃないですか、進行表は作成できる状態ではないですし、明後日、取引先には他の資料を渡せばいいのですから」と平然と言った。

職場の困った部下は、自己主張が強く身勝手な態度が目立ち、それが周囲との軋轢を生み仕事の進行を妨げることもある。他にも、常識的な行動が取れない、興味がない仕事にやる気を出さない、細部を気にしすぎる、ミスが多い、予定外のことを受け入れないなど社会性がない言動が目立つ人たちである。

自己中心型への対応

事例13

大手日用品メーカーの営業事務をしている30代後半の女性から相談があった。彼女は、チームのメンバーが揃って不正をしていると言ってきた。マネジャーからの指示でメンバーの営業日報と月報をまとめているが、皆がそこに嘘を書いていると言うのだ。よくよく聞くと、帰社時間が30分違うとか取引先との打ち合わせの人数が日報と月報で1名違うなどと、どちらかというと小さなミスの部類だった。

それらを「嘘」と言ってしまう厳格さに、周囲との問題を抱えていると推測した。他に問題がないかと聞くと、部署のメンバーとはほとんど私語をせず、最近は周囲が自分を困らせる敵に思えると言った。

どうして彼女がここまで頑なに小さなミスを不正だとし、嘘をついていると言い、同僚を敵とまで思ってしまうのか。話を進めていくと、子どもの頃から友達からは仲間外れにされ、周囲の大人からは理屈っぽく生意気な子どもとして扱われ、人に対して優しい気持ちを持った経験が少ないことがわかった。

「自己中心型」は周囲との関係に幼い頃から問題を抱えてきた可能性がある。自分が興味や関心がない作業、対人関係のさじ加減、感情や感覚のコントロール、整理整頓などを苦手とすることが多く、集中すると周囲が見えなくなるなどの特性により、子どもの頃から周囲に溶け込めず、本来は高い能力があるのに低い評価を受けてきたのだろう。自分を認めてもらう機会が少なかったことから周囲に敵対心を抱いているとも考えられる。

しかし、コミュニケーションに気をつけるように伝えても直すことは難しい。本人も納得感が持てないはずだ。

適切な対応は、「理解者になる」ということだ。

一つひとつのことを注意しても攻撃されているとしか思えないため、結果として効果が出ない。その前に理解者の立ち位置を得ることが必要なのである。これまで周囲が理解してくれなかった分、褒めたり立てたりしながらできるだけ話を肯定し、まず先に「自分のことをわかってくれる」と思わせる。心を開くことではじめて、マネジャーの要望に耳を傾けるようになるのだ。忍耐強くこの関係を作ることで、自分の言動に注意を払うようになり、アサインする仕事に力を発揮する可能性が出てくる。これまでの人間関係のなかで鎧《よろい》を着ているだけで、本来は素直な気質である場合が多い。ひとりでも味方だと思える人が現れることで安心感も出るだろう。

注意散漫型への対応

事例14

30代の事務職の男性は、仕事は早いが雑なところがあった。例えば表の作成ひとつを取り上げても、セルの一部のフォントサイズが違っていたり、文字に打ち間違いがあったりという小さなミスが目立った。また、同時に3~5項目の指示を出すと、そのひとつを見逃すことも多かった。マネジャーはこれまでは大きな問題にはしてこなかったが、この程度のことがどうしてできないのか不思議に思っていた。そこに、取引先に送った契約に関わる書類の一部が抜けていたことが発覚した。これまでのこともあり、部下を呼び出し、「君はどうしてミスが多いのか、もっとミスを減らすように気をつけなさい」と注意した。部下は「はい」と小さく答えたが、無表情で反省している様子が見えなかった。

事例14の男性社員は「注意散漫型」と思われる。

ここで、ミスを減らすようにと注意しても減らすことはできないだろう。彼は「全体像をつかむ」「多くのなかでひとつを見つける」などが苦手かもしれない。また、注意しても無表情なのは「場に合った適切な態度をとる」ことが苦手な可能性がある。できないことを指摘することで、かえって萎縮して本来伸びる能力まで抑えつけてしまうだろう。

こうした部下には、何が悪かったかを具体的に伝えることが必要だ。抽象的な指摘や指示はほぼ伝わらないと覚悟した方がいいだろう。仕事の依頼もできる限り各論で具体的に伝え、判断させせない。図や表にするなどわかりやすく指示していくことも有効だ。

今後は「全体像をつかむ」「多くのなかでひとつを見つける」などの作業を避け強みを伸ばしていくことを考える。例えば、作業が早いという点を強みと捉え、先に様々な作業を進ませて他の担当者にチェックを任せる方法もあるだろう。

ギフテッド

ギフテッドと呼ばれる人たちがいる。高い知的能力を持ちながら認知機能にアンバランスさを持つ。米国においては、優れた才能を持った子どもとして特別な学習をさせるなど積極的に才能を伸ばす支援をしているが、日本ではまだ臨床研究がはじまったばかりである。

ギフテッドLD・発達援助センターの小泉雅彦氏は、ギフテッドは知性、創造性、芸術、リーダーシップ、あるいは特定学術分野で高い潜在能力を持っているが、それが認められずに協調性がないなどの低い能力面が強調され、周囲との適応ができずにいじめや不登校などが起きる場合があると言う（「認知機能にアンバランスを抱えるこどもの『生きづらさ』と教育」２０１６年　北海道大学大学院教育学研究院紀要第１２４号）。

こうした高い能力を持った「天才」と呼ばれる子どもも、周囲の捉え方でその才能が発揮できなくなる。ましてや職場の困った部下が、周囲からの低い評価で今の態度を作り出している可能性は考えられる。才能のどこを見るかが問われている。その見方により、才能を引き出すことにも抑えつけることにもなる。

4 シニア社員の部下

定年後再雇用された60歳から64歳までの社員を部下に持った場合のマネジメントについて考えてみよう。

シニア社員の活躍は今後さらに大きな課題となってゆく。

改正高齢者雇用安定法により、65歳までの安定した雇用確保のために「65歳までの継続雇用制度の導入」「65歳までの定年引き上げ」「定年の廃止」のいずれかを実施することが定められ、2016年の厚生労働省の発表では、「継続雇用の導入」が81・3%、「定年の引き上げ」が16・1%、「定年制の廃止」は2・7%の企業が導入している。

また、高齢者の雇用は拡大し、70歳以上まで働ける企業や、65歳以上の定年、66歳以上の継続雇用制度も導入がはじまっている（高齢者の雇用状況集計結果 2016年 厚生労働省）。多様化を推進するなかで、長年の勤務経験と技能を持ったシニア社員をどのように活用していくかは重要なテーマとなる。

マネジメントの難しさ

一方で、シニア社員という年上の部下のマネジメントは難しいと思っているマネジャーは多い。

事例15

40代前半のマネジャーから相談があった。定年再雇用となった男性シニア社員が自分の部署に配属された。営業経験が長くプライドも高い人で、指示を出しても、なかなかその通りには聞いてくれない。部署には20代の若い部下が多く、親子以上の年齢差を仕事でどう調整していけばいいのかもわからずにいた。配属から半年が経ち思うように営業成績が上がっていない。本人の覇気がなくなってきた気がして今後の対応に悩んでいた。

マネジャーの48・9％が60歳以上の部下のマネジメントの経験があり、そのなかで55・1％の人がマネジメントに対してストレスを感じている。それは「仕事と育児の両立支援」「仕事と介護の両立支援」「外国籍の部下のマネジメント」よりも高い割合となっている。相談のなかには年上部下が、以前の自分の上司だったという場合もある。

具体的な課題は「業務上の指示・命令」「職務の設計・割り当て」「能力開発やキャリア支援」「人事評価やフィードバック」の順で高く（マネジメント行動に関する調査2017年　リクルートワークス研究所）、いくつもマネジメント課題があることがわかる。

マネジメントのポイント

しかし、基本的なことを間違わなければ、シニア社員のマネジメントは決して難しくはない。

まず大事なことは、シニア社員に向かう姿勢である。マネジャーはシニア社員の上司ではあるが、それは仕事の役割であり人間的な上下ではない。人間としては人生の先輩であり、敬意を払って対応することを忘れてはならない。名前を「さん付け」で呼ぶことはもちろん、仕事の判断以外は全て立てていくというくらいの姿勢がマネジメントをスムーズに運ぶ。

臨床心理学者E・H・エリクソンは『ライフサイクル、その完結』（みすず書房）で、人間の発達段階を8段階に整理し、ミドル期に顕著となる心理社会的課題に「世代継承」、その次の8段階目の老齢期に「統合」を置いた。

世代継承とは、次の世代に何かを残すことであり、社会生活においては人を育てることや、自らの知識や技術を形にすることを意味している。統合は、人の役に立つことで、これまでの人生が間違っていなかったと肯定することと言える。こうした世代継承の欲求や、長年の経験から培ってきたスキルを活かすことなどが、シニアの活躍を促進させることにつながる。この考えをもとに、成果を上げていくための具体的なポイントを挙げる。

①委任

「委任」は、これまでの技術やノウハウに敬意を払い、業務を最初から最後まですべて任せるということだ。任せた以上、やり方を含めて口出しをしない。ただ、委任する場合はシニア社員のこれまでの経験をもとに「できること」と「やりたいこと」だけを任せていくという仕事選びが肝要となる。

②補完

「補完」は、若い世代の部下と組み合わせて相互に補い合う関係を作ることである。テレビドラマの刑事のペアのように、突き進む役割とブレーキをかける役割など補い合うことで双方の能力が広がる。シニア社員は教えることがやりがいになり、若い世代もノウハウの吸収をありがたいと感じるのである。単純に同じ仕事を同じ役割期待で任せてしまうと「代替」関係になってしまいうまくいかない。強みを活かし合い弱みを補い合う組み合わせがポイントである。

③役立ち感

「役立ち感」とは言葉の通り、会社の後輩や、顧客、社会に「役立っている」と感じさせることだ。特に若い後輩たちのために役立っていると感じられることはモチベーションになり、これまでの職業人生を肯定することにもなる。経験が活かせる仕事を意識的にアサインし、折に触れて周囲からの感謝の気持ちを伝えると良いだろう。

シニア社員の心理と状況

定年は人生の大きな節目である。シニア社員は、このときを迎えることで仕事に対する価値観が大きく変わる。これまで抱えてきた責任感や気負いがなくなる一方で、社会的なパワーがなくなり寂しさも感じる。

相談を通じての印象は、定年を迎えた後は職場での自分を小さく見せようとしていることだ。

権限が縮小され培ってきたスキルに限定された業務が求められる中で、周囲に立場をわきまえていると思わせるためには、余計なことには口を出さない、目立たない、反論を減らすなどこれまでとは態度を変える必要が出てくる。立場が変わったことで意欲がなくなったのではなく、世の中の片隅に追いやられたような疎外感を持ちながら自分の立ち位置に葛藤しているのである。

シニア社員こそ、仕事への目的を明確に持つべきだ。自分の抱えている業務が誰に役立ちどのような成果を生み出そうとしているのか、社会や産業界、会社全体の大きな規模で考えていくのである。そのためには、マネジャーをはじめ周囲がシニア社員の存在を広い視野で見る必要が出てくる。

その具体例を挙げると以下になる。これらは実際に介護の現場で気難しく頑固で周囲への配慮をしようとしない高齢者が、心を開くきっかけになった事例も参考にしている。

- 会話内容は、社会動向や経営、マネジメントの話題など大きなテーマを意識する。
- テクノロジーや最新の産業動向なども含めた様々な学習を勧め、知識の取得に関して評価する。シニア社員同士での学び合いの機会もつくる。
- 社会的に貢献できる活動を勧める。
- 社長や役員など会社の上層部と直接話す機会を設ける。
- 呼称に工夫が必要であり定年社員、定年再雇用社員、高齢社員、シニア社員という言い方も再考する。定年後の社員を「キャリア社員」と呼んで雰囲気が良くなったという事例もある。

シニア社員は社会的役割が減っただけで、能力が急速に落ちるわけではない。教育や日常的に経験したことにより獲得した知識やスキルは「結晶性知能」と呼ばれ、生涯を通じて伸びていく。また、高齢期は創造性が低下するという先入観を持つ人がいるが、質の高い作品や論文など代表作や傑作が生まれる確率は生涯どの世代でも一定している。これは「成功確率一定モデル」と言い、創造性があるか否かは年齢差ではないとされている。一般的に言う「知恵」は「知性と感情の成熟化」でもあり、これも生涯を通じて発達する。シニア社員は、これからも新たな能力を取得できる可能性がある人たちなのである。

また、高齢になればなるほど個性化は強まる。

本書では全体的に個別対応の必要性を言っているが、シニア社員にはその視点が特に必要となる。若い世代よりも個々の違いが大きく、年齢ではなく実績や能力での個別評価が求められる。

シニア社員を取り巻く厳しい状況

シニア社員の雇用が促進されている中で、人事制度の整備は遅れている。

60代前半のフルタイム勤務の継続雇用者における給与は「300万円以上400万円未満」が27・1%と最も多い。次いで「200万円以上300万円未満」(15・6%)、「400万円以上500万円未満」(15・1%)となる。

シニア社員の賃金水準は「個人の知識、技能、技術」より「定年時の賃金」をベースとして設定している企業が多い（高年齢者の雇用に関する調査　2016年　独立行政法人労働政策研究・研修機構）。継続雇用の配属先は同じ職場が最も多く（シニア人材に関する実態調査　2016年　株式会社日本能率協会マネジメントセンター）、多くの人が退職後も同じ職務に就いて給与水準だけが下がる状況にある。さらに、60歳以上の社員に評価制度を導入している企業は26・3%にすぎず、評価を導入していても賃金に反映しない企業が31%ある（高年齢者の雇用に関する調査　2016年　独立行政法人労働政策研究・研修機構）。

年下のマネジャーや若い同僚に気を遣い、評価する仕組みがなく、個人のスキルよりも定年前の処遇で給与が決まるとしたら、意欲が持てなくなってしまうのも仕方ないのかもしれない。

人事制度はマネジャーが取り組む範疇ではないが、こうした状態にいることを知っておくことはシニア社員のマネジメントを進めるうえで役立つと考える。

人生の到達点

人生の段階にはさらに先がある。

前述のE・H・エリクソンの死後、妻のジョアンは『ライフサイクル、その完結』（みすず書房）の増補版を出版し、発達段階理論の8段階の上に9段階目を加えた。

その人生の到達点における心理社会的課題を「老年的超越」と呼ぶ。

この段階では、自己中心的な欲求が弱まり逆に他者を重んじる利他性が高まる。過去に持っていた社会的な役割や地位に対するこだわりがなくなり、対人関係についても少ない人々と深い関係を結ぶようになっていくことが人生の到達点とされている。

私は仕事で多くの高齢者と接してきた。そのなかで、個々の持つ高齢期の幸福観は肉体的な老化や金銭、家族によるものだけではないと感じている。人間的に完成されたかのような幸福な老後を迎えている高齢者には「謙虚さ」「大らかさ」とともに「死生観」の3要素が備わっており、これらの獲得が穏やかで上質な日々を創り出していく。自分の死を受け入れるから今が輝くのであり、老化や死は自然な現象だ。何かを残そうと必死になる必要もなく、ただただ自然にたおやかに目の前のことを大事にしていけばいいと教えられた。この考えは、ジョアンの提唱する「老年的超越」と重なる。

このようにして歳を重ねることに成功すると老年的超越段階を迎える。シニア社員は、平均寿命から考えても高齢者とは言えない段階にいるのであり、まだまだ葛藤を抱えながら、これから人生の高みを目指していく人々なのである。

第8章

さらなる多様化に向き合う

1 介護との両立を抱えた部下【基礎知識】

仕事と介護の両立支援のポイントは3点ある。

それは介護をすることになった部下に「早く的確な情報を提供する」「ひとりで介護を担わせず社会サービスにつなげる」「経過を把握する」ということだ。マネジャーが介護の基本知識やマネジメントスキルを身につけ、こうした支援をしていくことで、介護離職のリスクを減らすことが可能となる。

男女ともに介護を担う

50代の社員のおよそ10人に1人が介護をしている。

雇用者で介護をしている人は45歳頃から増えはじめ、男女ともに55～59歳がいちばん多い。この年代は、女性の13・1％、男性の7・5％が介護を抱えている。

また、介護は配偶者が担う場合が最も多いが、次に子どもが担う割合が高い。その次が子どもの配偶者で、そのほとんどは妻であるが（98・6％）、妻が舅や姑の介護をする割合自体は減ってきている。また、介護を担う男女比は女性が60・8％だが、年々男性の介護者が増えている（働く女性の実情　2012年　厚生労働省）。

男性社員から、妻が自分の親の介護だけをして男性社員の親である姑の介護を一切しようとしないという相談を受けたことがある。また、妻と別居して親の家に住み介護をする男性もいた。

女性の平均寿命が87・14歳、男性が80・98歳という長寿であり（簡易生命表の概況　2016年　厚生労働省）、両親ふたりの同時介護や自分の両親と義理の両親の複数の介護など、一人の介護者に何人かの介護の負担が掛かってくる場合もある。

育児と介護の違い

育児と介護は、ともに仕事との両立支援の主要テーマであるが、いくつかの違いがある。

まず、介護は出産に比べると決しておめでたいことではない。介護の先には親の死があり、それを目の当たりにしなければならない。また、子育ては月齢や年齢で前もって準備をすることが可能だが、介護はいつまで続くかわからず個人差も大きいため計画が立てにくい。

さらに、年々成長して手が掛からなくなる育児と違い、介護は年月を経るごとに負担が増える。遠方に住む親の元に通いながら介護をする場合や自分の住まいに引き取って在宅介護をすることもあるが、その状況が長期となり深刻化することも多い。

こうした、長期化、深刻化などから生じやすいのが「隠れ介護」である。介護が必要な親を抱えていることを会社に隠しながら介護をしている状態だ。中核的人材として仕事を支える立場にいる40～50代の社員は、いつまで続くかわからない親の介護が会社に伝わることで「重要な仕事を任せてもらえなくなるのでは」「昇進に影響するかもしれない」などと考える。

プライベートの問題と仕事は切り離すべきだという考えが強い人は、特に隠れ介護になりやすい。隠れ介護は、周囲の配慮も得られず会社の制度を利用することもできないため、いつまでも仕事と両立し続けることが難しくなり突然の離職につながりやすくなる。

このように介護を担うことは心理的、肉体的、金銭的負担が大きくなるため、できるだけ早期に社会サービスとつなげていくことが必要だ。

社会サービスにつなげる

マネジャーがある程度の介護に関する知識を持っていることで、部下の不安を和らげ、間違った判断を避けることができる。以下、介護保険制度と介護休業制度、介護の費用に関して、事前にマネジャーが知っておきたい情報を整理しておこう。

①介護保険制度

介護保険制度は、健康保険被保険者が40歳になると加入して納付義務が発生する。一部の疾病は40歳から、多くは65歳から「介護保険証」が交付され、一部の利用料負担のみで介護サービス利用ができる「被保険者」となる。しかし、この時点で利用できるのではなく、介護が必要な状況になったときに申請をして調査と審査が行われたのちに「要介護等に認定」されてはじめて利用できるようになる。

申請は自分でもできるが、親の住む地域にある地域包括支援センターが代理申請してくれる。地域包括支援センターは中学校区に1カ所配置され、介護の相談、地域のケアマネジャー指導、社会サービスの連携、予防活動などを提供している。

認定される要介護度等は、要支援1、2、要介護1、2、3、4、5の7段階に分かれる。在宅介護の場合は、訪問介護やデイサービス、ショートステイなどの生活を支えるための適切なサービスを組み合わせた「ケアプラン」が作成され、各事業所との契約後に実際のサービスが提供される。施設入所の場合は、介護度により入所できる施設や費用が変わり、入所した施設では、どのような生活を送っていくかを計画した「施設サービス計画書」が作成される。

その後は、介護の状態の進行や改善により介護度が変わり、必要に応じてケアプランなどを変更するが、担当ケアマネジャーなどと相談しながら決めていくことができる。

②介護休業制度

介護休業制度は実は利用が進んでいない。

介護をしている雇用者239万9千人のうち、介護休業など制度を利用した人は37万8千人と、15・7%しか利用していないことになる。このうち「介護休業制度」を利用した人は7万6千人、「時短勤務」は5万6千人、「介護休暇」は5万5千人となる（就業構造基本調査　2012年　総務省）。

これまで介護休業が1回しか取得できなかったことが利用を阻んでいたと言われており、2017年1月から3回に分けての取得が可能となった。また、こうした制度があることを知らない人も多く、マネジャーから伝えることで利用が促されると考える。部署に欠員が出ることは一時的には負担になるが、その後の離職への予防策として積極的な活用が望まれる。

育児・介護休業法が定める介護に関する制度は「介護休業」「介護休暇」「時短勤務制度など」「勤務制限」などがある。

2017年1月の改正内容を含めて以下に概略をまとめる。

「介護休業」は、要介護状態の家族1人につき3回まで分割して取得でき、通算して93日を限度に仕事を休むことができる。「介護休暇」は、対象家族が1人の場合は年に5日まで、2人以上であれば年に10日まで介護の必要がある日に半日単位で仕事を休める。「時短勤務制度など」は、介護の必要がある従業員の時短勤務やフレックスタイム制度、時差出勤制度、介護費用の援助措置などがある。「勤務制限」は、1カ月に24時間、1年に150時間を超える時間外労働を制限し、午後10時以降の深夜残業が禁止されている。その他、介護をしている従業員の転勤の配慮、制度の申し出による解雇など不利益な取り扱いの禁止などが決められている。

また、企業によっては、介護休業が取れる期間を93日より延ばす、3回に限らず何度も取得できる、フレックスタイムでの就業や介護休暇の小刻みな取得など独自の取り組みを実施している場合もある。こうした自社の制度も把握しておきたい。

育児・介護休業法は、育児休業と介護休業で考え方が違うことが大きな特徴と言える。育児休業は、休業を取った本人が育児を行うために設けられているが、介護休業は取得した本人が介護することを前提とせず、両立のための情報収集や社会サービスにつなげる準備のためにも設けられている。介護は、家族が管理監督をしながらできるだけ社会サービスにつなげるという方針が法整備の段階から考えられているのである。

③介護費用

介護保険の要介護者等に認定されると、介護度に応じてサービス利用の限度額が定められている。その範囲内であれば、かかった費用の1割（所得に応じて負担割合が異なる）を負担することになる。

図20 ● 在宅サービス利用限度額（月額）

(2016年4月現在)

介護度		利用限度額の目安	平均的サービス利用の自己負担の目安
要支援	1	50,030円	5,000円程度
	2	104,730円	11,000円程度
要介護	1	166,920円	17,000円程度
	2	196,160円	20,000円程度
	3	269,310円	27,000円程度
	4	308,060円	31,000円程度
	5	360,650円	36,000円程度

出所：区分支給限度基準額（厚生労働省）に基づいて著者作成

例えば、図20の「在宅サービス利用限度額」にある「要介護２」の人が１割負担の対象者の場合、19万６１６０円の限度額内であれば、月額１万９６１６円の負担で済むことになる。在宅介護はこの限度額を基準にどのようなサービスを利用するか組み合わせていき、限度額を超えると全額自己負担となる。

デイサービスやショートステイなどを利用した場合の食事代やオムツ代、庭の掃除や植木の水やりなど介護保険のサービスと認められない内容を依頼する場合は全額自己負担となる。

どれくらいの自費での利用をするかによるが、介護度ごとのおよその目安を図20の右側に付けた。しかし実際は食事代や介護タクシーの利用、医療費、福祉用具の貸与なども加わり、費用の負担はさらに大きくなると考えた方がいいだろう。

一方、施設サービスの自己負担額は、介護施設の要介護度ごとに決められた施設サービス費の1割（所得に応じて負担割合が異なる）となる。在宅介護のように利用限度額を超えた自己負担費用は発生しないが、食事代や日用品代、居住費、理美容代などが別途かかる。

施設の形態により負担額は違うが、社会福祉法人などが運営する特別養護老人ホームなどの安い形態が10万円前後、高い形態だと20万円前後となる。特別養護老人ホームは原則、要介護度が3以上でないと入所できず入所待機者が多い。

2017年1月からの育児・介護休業法の改正により介護休業を取得した際に雇用保険から給付される介護休業給付金が、これまでの賃金の40%から67%に引き上げられた。これにより費用の面でも介護休業の取得が促されていくと考えられる。

2 介護との両立を抱えた部下【マネジャーからの支援】

仕事と介護を両立させていると、ストレスや疲労から生産性が下がり欠勤などが増えることによりメンバーとの軋轢を生じやすい。また、突然に介護離職をすることになると、部署の労働力を下げ、技能や技術の継承を難しくする。管理職が離職した場合は、マネジメント機能が低下して職場が混乱する可能性も出る。仕事と介護の両立を成功させることは、本人だけではなく職場にも大きな効果をもたらす。

介護離職のリスク

介護離職が増えているが離職後は深刻だ。

介護・看護を理由に離職や転職をした人は10・1万人となり、女性の割合が高く80・3％を占めている（就業構造基本調査　2012年　総務省）。また「パネル調査」による最新の分析によれば、2015年に14・2万人、2016年には14・5万人が介護離職していると推計され、その数は増加傾向にある。

介護離職により収入が減る。一段落ついてから再就職先を探すことは年齢的に難しくなり、無職の場合は親の年金で生活することになるが、親の死別とともにその年金の支給はなくなる。それが10年後か明日かはわからないのである。

経済的負担だけではない。慣れない介護をできるだけ自力で行おうとすることで肉体的な負担が増え、慢性的な腰痛や疲労感を抱えることがある。また、周囲との関わりが減り社会的に孤立するなどの心理的負担も見逃せない。

もちろん、離職を希望した場合、本人の気持ちが第一であり仕事の継続を押し付けるわけにはいかないだろう。しかし、介護で離職した人の半数以上（男性56・0％、女性55・7％）ができれば仕事を継続したかったと回答しており、性急な判断は避けたいところだ（仕事と介護の両立に関する労働者アンケート調査　2012年　厚生労働省）。

初期対応の大切さ

親の介護は、突然に目の前に突きつけられることが多い。

介護が必要になった理由として、脳血管疾患や認知症、関節疾患、骨折・転倒、心疾患などがある（国民生活基礎調査　2013年　厚生労働省）。脳卒中で麻痺が残り寝たきりの生活になった、階段で転んだことで歩けなくなった、引っ越しや入院など環境が変わったショックで認知症の症状が現れたなど、疾患の発症を境に介護が必要になる場合が出てくる。

事例16

40代の男性社員から、遠方に住む独り暮らしの母親のことで相談があった。脳卒中で突然倒れ入院したが、退院したら自分の家に戻りたいと言っている。しかし、後遺症で体に麻痺が残り車椅子での生活になるという。その状態で在宅での独り暮らしには、身の回りの介護が必要と考えていた。

妻は母親との折り合いが悪く介護をしたくないと言っており、兄は海外在住のため協力を得られず、身内で介護ができるのは自分しかいない。今は仕事が忙しくて海外出張も多く、これから仕事と介護を両立させるのは難しいかもしれないと離職も視野に入れていた。

この、「ある日突然」ということが、介護する立場の人を一時的なパニックに陥らせる。

親が高齢になると、介護の準備をしなくてはと思いながらも、前々から準備ができる人は少ない。いつまでも元気だと思っていた親が、ある日転倒して大腿骨を骨折し歩けなくなると聞いてはじめて、「これからどうしよう」と考えるようなケースが一般的だ。

そこに旧来の介護観があると、「自分でなんとかしなければ」と思うのである。これまで大事に育ててくれた親だからこそ、できる限りのことをしたいと思う。親も心細さがあり、施設より住み慣れた家で、他人よりは自分の身内に介護してもらいたいと望むようになる。ここに、介護は家族が担うものという古い時代の価値観が残っていると「在宅で家族が介護」を目指すようになる。

しかもそのときは介護に関する情報もなく相談先もわからず、するべきことの優先順位がつけられずに気持ちだけが焦り「この状況を抱えて仕事などしていられない」と離職が頭をよぎるのだ。

この介護の初期対応において、マネジャーが果たす役割は大きい。

事例16の男性の場合、マネジャーは介護の両立に関して制度やサービスがあることを伝えることができる。また、離職をしない方向を模索し、ひとまず休暇を取って対策を練ることを勧めることや一時的に勤務時間や仕事内容を話し合うことも可能だろう。

早めに相談する体制

晩婚化、晩産化の影響で育児と介護の両方を同時に担う人も出てきている。30～40代は働き盛り世代であり、仕事に集中したい大事な時期だが育児と介護の両方を担うとなると悩みは深くなる。

事例17

大手電機メーカーに勤務する41歳の女性は、40歳で出産し子どもがもうじき1歳になる。育児休業取得中で復帰を準備していたが、74歳の実母が突然倒れた。診断はくも膜下出血だった。急性の状態からは回復したが、右足の麻痺と頭痛が残り先週から再入院しており、退院後は杖をつかないと歩行が難しくなる可能性があると言われている。母親に育児を手伝ってもらおうと当てにしていたのだが、女性は一人っ子で父親は他界しており、逆に介護しなければならない可能性が出てきた。1歳児の子育てと母親の介護の両方が可能なのか、その場合は仕事を辞めなければならないのかと悩んでいた。

この状態になると、仕事を辞める方向で考えがちだが、介護だけを抱えたときと同じように社会サービスと上手くつなげていくことで負担軽減は可能だ。特にこのように問題が重複する場合は、初期の対応が重要となるだろう。

初期のパニック状態を乗り切るポイントは、早めに相談する体制を作ることである。それには、まず職場の雰囲気作りに気を配りたい。

周囲に気を遣い言い出せない場合があるが、日常的にマネジャーから「親が高齢になれば誰でも介護を担う可能性があり、いつ自分の身に降り掛かるかわからない」「たとえ介護でなくても病気や事故などによりメンバーに負担を掛けることはあるからお互い様だ」といったメッセージを職場全体に伝えることで、ずいぶんと言い出しやすくなる。職場の理解が進めば、介護で一時的に早退遅刻や欠勤が増えてもメンバー間の軋轢が生じにくくなるだろう。

また、いずれ介護が必要になりそうな部下に対して、介護の必要が出た時は積極的に両立支援をする姿勢があることを伝えておきたい。会社が提供できる制度を大まかに伝えてもいいだろう。介護を報告してもデメリットがないと思わせることが必要と言える。

働き方を考える

職場全体の働き方を見直すことが、介護を抱える部下の支援になる。

部署全体の残業を減らすことはもちろん、業務に優先順位をつける、1日の繁閑で仕事を配分する、定期的に無駄な業務を見直す、会議の時間と内容を検討するなど、効率的な働き方を進めていくことが結果として介護をする部下の働きやすさにもつながるのだ。

また、突然の休みに対応できるよう、仕事を複数名で担当して一人がいくつもの仕事を持つ仕組みを作る、誰がどの仕事をどの程度進めているかを把握するための一覧表の作成や、他の人が代わって仕事をする場合に役立つマニュアルを用意しておくこともいいだろう。部署の抱える仕事の可視化は、メンバーの結束を高めることにも役立つ。また、マネジャーが不在の場合の権限移譲のルールを定めておくことも必要だ。これらは育児との両立を抱える部下への配慮と同じである。

介護が始まると気持ちが後ろ向きになりがちだ。これまで自信を持って仕事をしてきた部下が、介護のストレスにより仕事への意欲を失っていくこともあるが、折に触れてマネジャーが、組織に必要な存在であると伝えることで自信回復につながることもある。

また、介護の状況は変化していく。介護度が上がるなど状態が変わると様々な負担が増えていくため、部下に対する定期的なモニタリングも必要となる。

親の介護を担っている雇用者が介護をしている頻度は、「ほぼ毎日」が35・5%、「週に2~4日」が22・7%と、「ほぼ毎日」の割合が高い。ここで言う介護とは、身体介助や施設や遠距離での介護に加え、定期的な声かけ、食事や掃除などの家事、買い物やゴミ出し、通院や外出の手助け、入退院の手続きや金銭の管理などが含まれる(仕事と介護の両立支援に関する調査　2012年　三菱UFJリサーチ&コンサルティング)。

介護が必要な人と同居している介護者のなかで、「家族の病気や介護」にストレスを感じている人は、女性74・5%、男性68・7%となる（働く女性の実情 2012年 厚生労働省）。働きながら、毎日何らかの介護をする必要があり、しかもそれにストレスを溜めている状況への周囲の理解が求められる。

3 疾病（がん）に罹患した部下

仕事と介護の両立支援と、仕事と疾病の両立支援には類似点がある。それは、突然状況が訪れる場合が多く「一時的なパニックになりやすい」「知識不足から不安が募りやすい」点と、経過に個人差があるため「定期的なモニタリングが必要」という点である。これらを踏まえたうえで、疾病のなかでも雇用者に多いがんと仕事との両立について解説する。

突然の部下からの報告

がんの罹患を職場に報告したときに「特に何も（対応が）なかった」という回答が

51・4%ある。

勤務先でがんの罹患を報告・相談する相手は、所属長や上司が83・2%と圧倒的に多いが、半数以上の人が何もしてくれなかったと答えており、それは「今後の働き方について、あなたの意見や希望を確認した」(34・4%)、「担当業務の量や内容について相談した」(18%)などの対応を上回っている(がん治療と仕事の両立に関する調査　2016年　三菱UFJリサーチ&コンサルティング)。

マネジャーからすると、突然にがんの報告を聞いて、どのように対応したらいいか分からず戸惑ってしまうのかもしれない。

事例18

部下が神妙な面持ちで会議室にマネジャーを呼び出した。部下は入社12年の女性で、チームリーダーとしてプロジェクトをまとめる機会も多くなっていた。健康診断の結果により精密検査をしたところ、乳がんのステージ2と診断されたという。結婚したばかりでこれから子どもをと考えていた矢先だった。本人のショックは大きく、うつむいたまま話している。近く入院して手術をすることになったらしい。夫とも相談し、これから長期にわたる治療に体力的に継続して就労することが難しいと考え、本意ではないが仕事を辞める方向で考えたいと言ってきた。

ここでマネジャーは部下にどのような声かけをするべきなのだろうか。

新婚の若い女性が乳がんに罹患したと聞いて、マネジャー自身もショックを受けるだろう。家族も心配が尽きないだろうし、治療に専念したいと考えているようなら、その考えを支持するべきだという配慮が生じるかもしれない。

しかし、ここで大事なことは本人の意志を尊重しながらではあるが「できる限り仕事を辞めさせない」方向を考えることである。

それは労働力が不足するからではない。がんに罹患した部下のことを真剣に考えると、できる限り就労継続をすることが後々の生活を安定させることにつながるからだ。

就労継続

がんは働き盛りを直撃する代表的な病気と言える。がんの罹患時に正社員で働き今でも就業している人を対象とすると、最も多い罹患年齢は男性が40〜50代（85・7%）、女性は40代以下（77・6%）となる。

女性は30代以下という若年層が29・9%を占める。年齢が高くなると女性の正社員比率が低くなるため、正社員を抽出した調査では若年層の女性罹患率が高くなるが、20代〜30代の部下も発症する可能性があることを踏まえておきたい。また、罹患時の役職では課長以上の管理職の男性が45・1%と、部下マネジメントという側面だけでなくマネジャー自身が罹患する可能性も高い（がん治療と仕事の両立に関する調査　2016年　三菱UFJリサーチ&コンサルティング）。

がんに罹患した就労者の仕事との両立については厳しい現実がある。

罹患した就労者の約30%が依願退職をし、約4%が解雇となり、自営業では13%が廃業しているのだ（がん患者の就労や就労支援に関する現状　2004年　厚生労働省）。

また、がん治療や検査のために2週間に一回程度病院に通う必要がある場合に働き続けられる環境かと聞いたところ、64・5%が「働き続けられる環境とは思えない」と答えている。その理由としては、「代わりに仕事をする人がいない、またはいても

図21 ● がん患者・経験者の就労問題

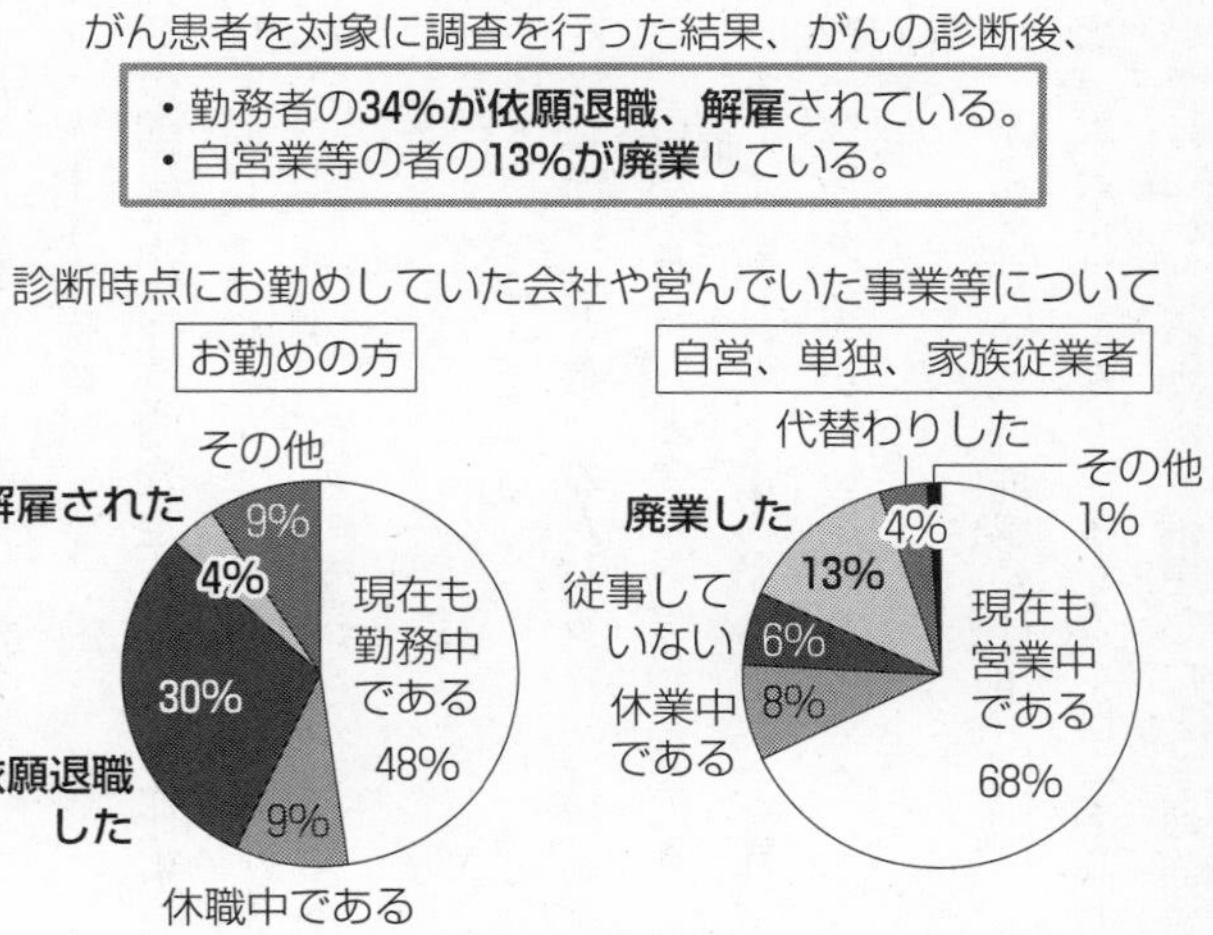

出所：厚生労働科学研究費補助金、厚生労働省がん研究助成金「がんの社会学」に関する合同研究班（主任研究者　山口　健）（平成16年）

頼みにくいから」（22・6％）や、「職場が休むことを許してくれるかどうかわからないから」（22・2％）などを挙げている（がん対策に関する世論調査　2017年　内閣府）。

がんに罹患すると、その後の生活費に影響が出る。がんにより休職や仕事量を抑えたことで、平均年収は415万円から332万円と2割減少し、回答者の56％の収入が減っている。そのなかでは無収入になった人が最も多く18％となる（がん経験者572名へのアンケート調査　2017年ライフネット生命保険）。

就業の継続は、経済的安定だけでなく仕事を通じたやりがいや人の役に立てている実感にも通じ、これらが生きる力にもなる。がんに罹患した後も生活は続くのであり、できる限り働いていくための支援が必要だと考える。

まず「怖い」と感じるもの

がんは「怖い」と感じる人が多い。

病院で告知を受けたときのショックは大きく、多くの人はしばらく放心状態が続く。がんに対して「死に至る場合がある」「家族や親しい人に負担をかける」などの理由で、72・3％もの人が怖いと思っている（がん対策に関する世論調査　2017年内閣府）。

この、がんに対する恐怖感が仕事との両立を阻害しているのではないかと考える。それは、本人だけでなくマネジャー自身や同僚、その他周囲の多くの人が共通して持つ思いではないだろうか。罹患したときの怖さが先に立ち、最新の正しい情報を把握せずに性急に答えを出してしまっているのかもしれない。

確かにがんは死に至る場合もあるが、今は治る可能性が高い。がんの治療のために89％の人が入院するが、その後に治療を終了した人が51・1％、経過観察中が29・4％となる。治療の終了または経過観察までの期間は「1年未満」が約47％、「3年未満」が19・8％と、罹患者全体の66・8％が3年以内で治療の終了または経過観察となっている。

さらに、がんは入院を続けながら闘病に専念する病気ではなく、多くの場合は仕事との両立が可能と言える。

最初の入院期間は数日から長くても1カ月以内、回数は1回が多い。また退院後に最も通院頻度が高かった月の通院回数は、1〜3日が約40％、4〜6日が26％となる。（がん治療と仕事の両立に関する調査　2016年　三菱UFJリサーチ&コンサルティング）。

がんに罹患して退院後しばらくは月に数日の通院、その後は数カ月に1回の通院が標準的として、この状況は離職を選択するに値するのだろうか。治療は個人差が大きく一概に語ることはできないが、置かれている状況についてしっかり把握することが先決と考える。

がんに対する知識不足

がんは日本人の2人に1人が罹患すると言われており、確率的には自分または隣の誰かが罹患するような病気である。また、がんの5年相対生存率は約62・1％であり、年々改善傾向にある（最新がん統計　2016年　国立がん研究センター）。

しかし、がんに関する知識不足があるようだ。5年生存率が半数を超えていることは、18歳〜29歳が16・2％、30代が21・4％、40代も20・8％しか知らず、特に若い世代を中心に、がんに対する正しい知識を得ていないことがわかる（がん対策に関する世論調査　2017年　内閣府）。

今や早期のがんであれば完全治癒が可能であり、完全な治癒ができなくても再発を抑制することで長く付き合っていく慢性疾患のように捉えることができる。がんになっても「どのように安心して生活し社会で活躍していくか」を考える時代を迎えているのである。

事例18も「長期にわたる治療は体力的に継続して就労することが難しい」かどうか

は先にならなければ判断できない。がんを告知され瞬間的に落ち込み、しばらく引きずるのは仕方ないが、今後に関しては客観的な情報を踏まえて冷静に話し合っていくことが必要だ。

マネジャーのできる支援

２０１６年12月に改正がん対策基本法が成立した。この改正では、働く人ががんになっても雇用を継続できるよう配慮するなど、新たに事業主の責務が設けられている。今後、がんに罹患後の就労を支える制度が増えていくことが期待される。

しかし、現在多くの企業では、育児・介護と仕事との両立支援、障がい者雇用対策、メンタルヘルス対策など人事労務担当の対処するべき課題が山積しており、がん患者の就労支援にまで対応しきれていないのが実情だ。会社が提供している制度は「傷病休暇・休業」「失効年次有給休暇の積立制度」「半日単位の休暇制度」「時差出勤制度」などであるが、これらも整備されているのは大手企業がほとんどである。

前述の「がん治療と仕事の両立に関する調査」では、就労中のがん患者の多くは

「退社や出社時刻を自分で変えられる仕組み」「がん治療の費用の助成」「残業をなくしたり減らしたりする仕組み」「1日単位の傷病休暇の仕組み」が必要だと答えている。

しかし、こうしたことはたとえ制度として整っていなくても、職場の理解や配慮で支援できることもある。

特に「退社や出社時刻を自分で変えられる仕組み」や「1日単位の傷病休暇の仕組み」は本人と話し合っていくことでマネジャーの立場から配慮することも可能だろう。また「がん治療の費用の助成」は、疾病手当金制度や高額医療制度の利用を勧めることもできる。

さらに「残業をなくしたり減らしたりする仕組み」に関しては、がん患者に限らず今後は部署全体として導入していくべきことである。

がんに罹患した人は、罹患後1年間は41％の人が週に40時間未満の労働になるが、数年後には22・8％に減っている。罹患した直後に時短勤務などを必要とする場合があるが、その後は、多くの人がフルタイムでの労働が可能となっている。しかも、がん患者の79・7％は、短い労働時間でも高い成果を出すよう意識していると答えているのである（がん治療と仕事の両立に関する調査　２０１６年　三菱ＵＦＪリサーチ＆コンサルティング）。

これまでがんについて述べてきたが、疾病と仕事との両立に関してはがんに限ったことではない。

厚生労働省の発表では、病気を抱える92・５％が就労の継続を希望し、現在仕事をしていない人でも70・９％が就労を希望している。まずはどのような疾病であるとしても、辞めないですむために何ができるかを優先するべきだろう。そこにマネジャーの力を注いでほしいと思う。

４　障がい者の部下【基礎知識】

障害者雇用促進法の改正

今後、障がい者をマネジメントする機会が増えていくはずだ。

民間企業で雇う障がい者数は法定雇用率で決められているが、その法定雇用率の引き上げが予定されている。法定雇用率は、常用労働または失業している「障がい者」

を、常用労働しているまたは失業している「健常者」で割った算定式で求められる。その分子となる「障がい者」にこれまでの身体障がい者と知的障がい者に加え、2018年4月から「精神障がい者」が入る。法定雇用率が上がる理由はここにある。

法定雇用率の引き上げは、2016年4月の「障害者の雇用の促進等に関する法律（障害者雇用促進法）」の一部改正によるものであり、施行は3段階に分かれる。

最初に、2013年の公布日に「用語の意義」が出された。ここでは、雇用促進法における障がい者を「身体障害、知的障害、精神障害（発達障害を含む。）その他の心身の障害があるため、長期にわたり、職業生活に相当の制限を受け、又は職業生活を営むことが著しく困難な者をいうものとすること」と定義している。

2015年4月には障がい者への差別の禁止や、合理的配慮の提供、苦情処理や紛争解決の援助などが施行された。法定雇用率に算入される障がい者は手帳の保有者に限られているが、ここでは、その枠に限らずすべての障がい者への配慮が義務付けられている。

そして、2018年4月1日に障がい者法定雇用率の精神障がい者算入が施行される。民間企業の雇用率は2・2％に上がり、障がい者を雇用しなければならない事業主の範囲が従業員45・5人以上になる。その後3年以内に2・3%に引き上げられる予定だが、その際には従業員数が43・5人以上の企業に広がる。

障がい者雇用率に算入される障がい者は、障害者手帳の有無で判断される。身体障がい者は「身体障害者手帳」の1〜7級（7級は2つ以上の障がい）、知的障がい者は「療育手帳」や「指定機関の判定書」によりA、Bなど（自治体により違いがある）、精神障がい者は「精神障害者保健福祉手帳」の1〜3級の所有が判断基準となる。

身体障がい者は392万2千人、知的障がい者は74万1千人、精神障がい者392万4千人である。三区分を合わせると障がい者は約860万人となり、国民の6・7%が何らかの障がいを持っている計算になる（障害者白書　2016年　内閣府）。

冒頭の話に戻れば、身体障がい者と同数程度の精神障がい者がこれまで法定雇用率に含まれていなかったことになる。法改正により精神障がい者が雇用の対象として正式に認められたことで、今後さらにマネジメント対象に加わってくる可能性が高まる。

はたらくしあわせ

ひとりで複数の障がいを併せ持つ人もいるが、約860万人を日本の障がい者の総数と捉えると、その5%が企業で働いていることになる。

言い換えれば障がい者のたった5%しか企業に雇用されていないのであり、職場にいる障がい者は障がい者雇用の狭き門をくぐってきた人たちと言える。

障がい者の雇用は、法令遵守という視点だけでなく社会的責任を果たす企業の義務であり、共生社会の実現でもある。働き方改革による多様な人材の活躍には、当然のことながら障がい者も含まれている。

私は武蔵野大学しあわせ研究所に所属しているが、その研究の一環で「はたらくしあわせ」と題した障がい者就労継続支援の事業所で働く障がい者を集めたイベントを行った。会場でインタビューを担当したが、マイクを向けると参加障がい者の誰もが「働くことが楽しい」「働けて幸せだ」と発言した。あまりに一律にそう答えるので、あえて「それでも大変なことや嫌なことは何か」と質問をしてみたが、それに対しては言葉が出てこなかった。働くことが楽しく幸せである理由を聞くと「人が喜んでくれるから」「自分ができることが増えるから」「お金が稼げていろいろ買えるようになるから」という答えが返ってきた。

ここに集った障がい者は、知的障がい者と精神障がい者で、支援がないと生活できない人がほとんどだ。しかし、発言を聞けば聞くほど働くことの喜びは健常者と同様であり、働けることへの感謝は健常者よりも強いと思えた。

多くの障がい者は働く場を求めているが、それを得ることが難しいのが現状だ。障がい者雇用という厳しい条件を突破して企業で働けることになった障がい者が、その持てる能力を活かして活躍できるよう支えていくことは、私たちの担うべき大事な役割と考える。

障がい者のポジティブな特性

障がい者は健常な人と比べて仕事ができない人たちと考えているかもしれないが、それは違う。

むしろ、特性を知って環境を整えていくことで、高い能力を発揮することが期待できる人々である。そのなかに、障がいにより努力ではどうしようもないことがあるだけなのだ。最初から「できない人」と考えると、潜在的に持つ能力を引き出せなくなる。障がい者の能力を引き出せるかは、障がい者に合う仕事をどう見出すかにかかってくる。

例えば、経済産業省「ダイバーシティ経営企業100選ベストプラクティス集」によれば、次のような事例がみられる。

株式会社エフピコ

株式会社エフピコ（本社：広島県福山市）は、簡易食品トレーなどの製造販売を主たる事業としており、同社で販売された簡易食品トレーは、スーパーマーケットなどの店頭で回収され、同社のリサイクル工場において新しいトレーに生まれ変わる。このエコトレーは、2017年3月期には154億円の売上を達成。全社の製品売上の1割強に達した。

同社では、食品容器の成形・組み立て、使用済みトレーの選別工程などにおいて、障がいのある従業員が能力を発揮して戦力として活躍している。使用済みトレーの選別工程では、試行錯誤を繰り返して作業の最適化を進めたことで、機械自動選別よりも高精度な、障がいのある従業員による手選別の作業が可能となった。

有限会社奥進システム

中小企業向け業務管理システムの受託開発を実施している有限会社奥進システムは、大手ソフトウェア会社で働いていた社長が独立した際に、システムに強い上下肢障がい者や精神障がい者の雇用をはじめた。

個々と話し合い最善の方法を検討してルール化するということを繰り返し、オフィス環境や機器の整備をしてきた。さらに勤務形態も柔軟に選べて、必要に応じた在宅勤務や顧客との遠隔ミーティングを可能としている。仕事の割り振り方や研修の方法、体調の把握など様々な工夫することで、80~100%の高い人材定着率となっている。

また、精神障がい者が自身の経験を踏まえて開発した「障がい者の職場定着支援システム」も企業や自治体で採用されるなど、これまで就労が困難だった人が存分に活躍し、事業の拡大に貢献できている。

三洋商事株式会社

大阪府の三洋商事株式会社は、通信機器やコンピュータの解体リサイクルを行う業務に障がい者を雇用している。

例えば廃棄するハードディスクの枚数を正確に把握するなど、セキュリティに配慮する機器が多いなか、障がい者の正確性や確実性により顧客の信用を得ている。その早さは、健常者が20分程度かかる作業を5分ほどでこなす障がい者もいるほどだ。この迅速で緻密な手解体により、リサイクル率が97%という高さを達成できている。

同社では福利厚生に力を入れ、障がい者の働きやすい職場環境を整備していった。そのなかで、障がいの有無や年齢にかかわらず全ての社員が互いを配慮しながら働くことができる企業風土が醸成され、従業員満足度が7割を超えている。また、障がい者の元気さとひたむきさが全社に影響し活気溢れる職場へと変化したことで、大学卒の優秀な人材の採用にもつながっている。

三洋商事株式会社は、2012年には障がい者が53名となり障がい者雇用率が20%を超えたため、人が増えても十分なサポートを提供するという目的で就労継続支援A型事業所を設立。給与水準を下げることなく障がい者を転籍させている。

こうした事例にあるように、障がい者の抱える特性を把握することで活躍を促すことは可能だ。職場にいる障がい者は、仲間として一緒に働き会社や社会に貢献していく同志であり、障がい者にとっては自分をわかってくれる理解者がいることが何よりの安心となる。障がい者雇用は、マネジャーと周囲の理解、障がい者自身の努力により今後さらに発展していくと考えられる。

5 障がい者の部下【精神障がいと発達障がい】

精神障がい者の雇用

障がい者の部下を持った経験はマネジャーの18・8％しかないが（マネジメント行動に関する調査 2017年 リクルートワークス研究所）、自分の部署に障がい者が配属されても慌てることはない。

就労を定着させていくにあたり「ハローワーク」「地域障害者職業センター」「障害

者就業・生活支援センター」「ジョブコーチ」など様々な支援機関があり、障がい者に関する情報や関わり方などのアドバイスを入手できる。企業に採用される障がい者は「職業準備性」といわれる日常生活の管理が身についている場合も多い。こうしたなかで、マネジャーとして最初に大事なことはひとつだけである。

それは目の前の障がい者を「わかろうとする」ことだ。

わかろうとするということは「個性として、できること、できないことを見極める」ということである。同じ障がい区分でも違いは大きく、ひとりが幾つかの障がいを持っている場合もあり、個々ができることは違う。

特性は変わらないものもある。例えば、言葉が出にくい、数字を数えにくい、人の気持ちが読みにくいなどにより仕事に支障が出たとしても、そこを変えようとするのではなく代替できる方法を考えることが必要となる。

身体障がい者と知的障がい者に加え精神障がい者の雇用が義務化され、特にこれからは、統合失調症や気分障がい、発達障がいなどで障がい者手帳を取得している人の雇用も促されていくだろう。これら障がいに関して特性と対応方法を解説する。

統合失調症

統合失調症は、10代から30代の若い世代で発症することが多い障がいで、およそ100人に1人が罹患すると言われている。はっきりとした原因は不明だが、脳の構造や働きの微妙な異常が原因と考えられている。

陽性症状としては、本来ないものをあるように感じて幻覚や妄想が現れる、自分の考えや気持ち、または行動をうまくまとめられないなどがあり、陰性症状としては、自分の世界を閉ざし、意欲の低下や喜怒哀楽の表情が乏しくなるなどがある。また、自分が病気のために感覚や考え、行動が歪んでいるという意識（病識）を持てないという特徴も併せ持っている。

投薬などでこうした症状が軽減した人が就労をすることになるが、疲れやすい、複雑な作業や臨機応変な判断が苦手、新しいことに不安が多く緊張しやすいなどの特性が現れやすい。感情が安定しないなどの状態になる場合は、服薬が乱れていることも疑われる。この場合は、専門機関の支援者や産業医などと連携していくこととなる。

気分障がい

うつ病やそう病、そううつ病などを指す。15人に1人は一生のうちに罹るといわれるほど罹患頻度の高い疾患で、うつ病は通常の生活に支障をきたすほどの抑うつ状態が続く。精神症状として集中力や意欲の低下、不安、自信の喪失などが表れ、身体症状として疲労感や睡眠障がい、食欲不振、体重の減少、頭痛などが出やすくなる。

そう病は逆に気分が高揚し、興奮しながらしゃべり続ける、動き回るなど激しい活動が表れ、自分をコントロールすることが難しくなる。うつ状態とそう状態が交互に表れるのがそううつ病である。

また、2000年以降に新しいタイプのうつとして話題になっている「逃避抑制型うつ、ディスチミア親和性（新型うつ）」は、周囲への攻撃性がある、困難な状況から逃げる、社会や組織のルールから反発する、環境に適応しないなどの特性を持つ。新型うつは、発達障がいでの周囲との不適応などによる二次障がいとして発症する可能性も指摘されている。

気分障がいは疲労感が強いため、意識的に休憩を取らせることが大切だ。調子が悪そうなときは特に、業務中でも休ませるなどの配慮が必要となる。

発達障がい

発達障がいは改正障害者雇用促進法において精神障がいに含まれた。2004年に「発達障害者支援法」が公布されてから認知が広がった障がいである。

全国に、発達障がいの疑いがある児童生徒は推定6・5%おり、全国小中学校の通常の1クラスに2人程度はいると言われている（通常の学級に在籍する発達障がいの可能性のある特別な教育的支援を必要とする児童生徒に関する調査 2012年 文部科学省）。法律の制定前は現在のように知られていなかったため、子どもの頃にはわからず大人になってから診断される「大人の発達障がい」も注目されている。

発達障がいは、ASD（自閉症スペクトラム）、ADHD（注意欠如多動性障がい）、LD（学習障がい）の3つに分かれる。

ASD（自閉症スペクトラム）は、最新の診断基準である「DSM-5」により「社会的コミュニケーション」と「限定的な行動、興味、反復行動」の2領域の障がいが診断基準となる。このなかには、以前の国際診断基準で言われていたアスペルガー症候群も含まれる。

ADHD（注意欠如多動性障がい）は、不注意が多いタイプと多動・衝動のタイプに分かれる。不注意が多いタイプは忘れ物やミスが多く片付けが苦手、時間が守れないなどの特性があり、多動・衝動のタイプはひとつのことを進められず気が散る、一方的にしゃべる、順番を待てないなどの特性がある。

ＬＤ（学習障がい）は、文字や数字の理解が苦手で単純な計算ができないなどがあるが、大人になるとこうした学習障がいは目立たなくなり、ＰＣや電卓などにより補うことができる。しかし仕事上では、指示が通りにくい、文書をまとめられない、文字を読んで理解することが遅いなどの支障が出ることがある。

また、発達障がいに知的障がいが含まれるなど、障がいが重複している場合があり個々での障がい特性の把握が必要となる。

米国のシリコンバレーはグーグル、フェイスブック、アップル等、インターネットIT企業の本社がある一大拠点だが、ここでは発達障がい者が多く働いている。それは、集中力と継続性、視覚情報の強さ、記憶力の高さなど、一部の発達障がい者の強みとされる特性とプログラミングなどの仕事内容に親和性があるからと言われている。

このように障がいとして持つ困難は、対応の仕方により高い能力を発揮させる場合がある。

例えばＡＳＤでは、一般的に苦手とすることは、会話の裏を読む、曖昧な表現や皮肉などを理解する、全体像をつかむ、話を聞く、例外を認める、顔を覚えるなどがある。これらの特性が仕事内容と合致すると「周囲の意見などに流されず、数字や出来事から事実のみを抽出する」「ルールに定められた細部を意識して緻密な作業をコツコツと進める」「数値・文字情報など可視化されている情報を正確に迅速に処理する」などのポジティブな能力として発揮できるという側面もある。

発達障がい者への部下への対応のポイント

発達障がいの部下への具体的な対応法として以下にまとめる。人により特性が違うため、これらすべてが一人の部下に必要ではないが、持っている特性により有効な方法を選ぶことはできるだろう。

①情報提供方法の工夫

- 曖昧さを避ける。察することが苦手なため、指示は図解や数字ではっきりと示す。
- 耳からの説明が難しい人には書いて伝え、リマインダーなどでのメモを促す。

- 選択肢を思いつくことが苦手な人には、選択肢を挙げる協力をして選ぶことを繰り返し慣らす。

②工程管理

- いつ、どの程度の時間で作業するかの工程表を作成する。
- 一緒に工程表を見ながら、丁寧な言葉で工程の順序を説明する。
- 一区切りしたら仕事を振り返り確認する。
- 節目ごとに仕事の達成を褒める。

③対人関係

- 例えば「髪を切ったね、変だね」と言ってしまう。正直に言うことがなぜ悪いかが理解できない場合がある。その言動を直すよりも、周囲の言われた人に「大丈夫ですか」「気にしないように」などの声掛けによる配慮をする。
- 本人が困っていることなどの定期的なヒアリングを行う。

④生活の規範と環境

- 基本的生活習慣が整っていない場合がある。それにより、遅刻や欠勤、体調不良、気力の低下などが起きている可能性を探る。
- 落ち着ける環境を提供する。五感などの感覚が鋭く、音、感触を不快に思っていることがある。本人に聞き、できる限り対処していく。

⑤その他

- 自己本位なところは性格ではなく障がい特性だと捉える。
- できるだけ必要な要素だけを簡潔に正しく話す。
- 指示を出してからすぐに作業が進まなくても対応を焦らない。
- ＡＳＤなどでこだわりを通そうとする場合は、マネジャーがやり方を決める。
- ＡＤＨＤは集中の持続を促すため、作業順番や区切りなどを明確にする。
- 障がいによる作業の支障を補助する機器もあるため、必要に応じて使用していく。

第9章

ひとりで抱え込まない

1　社内の支援を活用する

ここまでは、対象ごとの部下へのマネジメントスキルを考えてきた。そのキーワードは「個別対応」である。

今後、多様化が進み、同じ会社の従業員でも全く違う「個」として捉えることが求められる。これまでは会社が望む人材像を従業員にあてはめてきたが、これからは、従業員の求める仕事像に会社があてはまっていくことが求められ、部下の個別の状況に会社やマネジャーがどう沿っていくかが問われている。

マネジャーが抱え込まない

しかし、前章までの様々な対応をマネジャーが一手に引き受けねばならないのかというと、そうではない。

確かに、マネジャー自身も変わらなくてはならない。これからの組織は、こうした時代の変化にいち早く対応できるマネジャーの存在があってこそ成立するのだが、その個別対応はマネジャーひとりが丸抱えするわけではないことを強調しておきたい。マネジャーひとりが奮闘するのではなく、部下も上司も人事部などの管理部門も含め、会社全体が従業員に個別対応していく。「個」への対応にはエネルギーが必要であり、先陣を切るマネジャーの脇役や大道具、小道具となって周囲の皆が支えていくのが理想である。

ソーシャルワークでは問題を抱えた人を取り囲む脇役や大道具、小道具などの支援を「資源」と呼ぶ。問題を持つ本人と資源とをつなげていくことが解決を早める大事な機能となるのだが、その資源は「フォーマル」と「インフォーマル」に大別できる。

フォーマルな資源とは専門家や公的制度などあらかじめ決められた支援先である。マネジャーの立場からすると会社側が準備している専門家や専門窓口だ。インフォーマルな資源は、周囲を見渡して探し、自ら支援を依頼するなどの働きかけが必要な人々であり、その代表が「部下」「上司」「OB・OG」「ピアサポート」などとなる。

どちらも大事だが、ここではまず自らの働きかけが必要なインフォーマルな資源を見てみる。

部下からの支援

インフォーマルな資源のなかで、最初に考えられるのは部下の活用だ。

そのなかの1つが、問題を抱えた部下と「年の近い部下」である。

特に新人の場合、マネジャーが直接関わるよりも有効となることも多い。評価者であるマネジャーよりも年が近い同僚の方が話しやすく、同僚も「自分だったらどうか」と当事者意識を持つことで気持ちを共有しやすくなる。

例えば、若い世代は恋愛の相談が多いが、ある程度の年齢になると軽く捉えてしまいがちだ。しかし、人によっては生き死に関わる悩みにもなり、その重みは世代が近い方が気持ちをくみやすい。

また、20代で祖父母の介護が必要になった男性社員から相談を受けたことがあるが、周囲に介護問題を抱える同年代がいなくて孤独を感じていた。一般的に介護に関わるのは40～50代であり、社内で介護をしている人がいても世代が違うと話しにくい。たとえ介護を担っていなくても、同世代のメンバーが対応する方が話しやすくなる。

部下の活用のなかで次に考えられるのはマネジャーの「補佐役の配置」だ。

店舗などでは、店長の負荷を分散させるために副店長を置くことがあり、新人の育成や事務処理などの分担や店長不在の場合の代行を務める。この副店長のような立場で部下の相談支援をする役目を担ってもらってはどうだろうか。

また、部下のなかで「年上の部下の活用」もあるだろう。ワークライフに関わる相談は人生経験が必要な場合が多い。自分が経験していればもちろんいい相談相手になり、経験していなくても、じっくり話を聞くことや肯定的に捉えることは年長者の方が長けている。長年の勤務経験から部署を横断した社内事情に詳しい人もいるだろう。

上司からの支援

2つ目の社内の支援は、上司の活用である。上司を活用するためには、事前に部下の情報を伝えておくことだ。部下の個別の情報は上司にとって大事な情報であるが、そのなかで特に伝えるべき事柄は2つある。ひとつは先々が有望な部下の情報だ。自分の部署で独占せず次のキャリアパスを計画し登用を進めていくためには、その存在を少しずつ上司にアピールしていくことが必要となる。

もうひとつは、対応が難しい部下の存在である。問題が大きくなったときには、マネジャーの範疇だけで解決することが難しくなり上司の力を借りることがある。そのときを考え、事前に情報を共有しておくのである。

また、メンバーの特筆すべき情報を伝えるのは直属の上司だけでなく、その上の上司にも必要な場合がある。役職が上がっても部下の様子を知ることは重要だが、上の立場になるほど部下個人の情報を得ることが難しくなる。部下の個別情報は、様々な立場の管理職が求めているのである。

OB・OGやピアサポーターからの支援

3つ目が「OB・OGの活用」である。

全社的な取り組みとして、退職したOB・OGをキャリアコンサルタントやトレーナーとして人材育成に活用している事例がある。

社内の事情に精通し、自身も様々なキャリアを積んできたOB・OGは、部下の相談を受ける役割も担える可能性がある。全社的な取り組みがなくても、マネジャー自身の元上司などで相談ができそうな人がいたら、依頼してみるという方法もあるだろう。

また、両立支援においては同じ体験をした同僚や他の部署のメンバーからのサポートも活用できる。専門家の間では、こうした仲間は「ピア」と呼ばれ、同じ経験者を集めた組織を「ピアサポーター」と言う。ソーシャルワーカーやカウンセラーは「ピア」を大事な資源として活用している。

事例19

夫も親も子育てを手伝ってくれないなか、正社員で働きながら3人の子どもを成人するまで育ててきた大手企業の事務職の女性がいる。それができたのは、子どもが生まれる前から活動していた社内のピアサポーターの存在であった。当時は育児休業制度も整っておらず、保育園探しからしつけ、病気、進学など、会に所属する先輩から様々なアドバイスや情報をもらえたことで続けることができたと言う。

ピアサポートの力は仕事を継続する大きな支援になる。すでに社内にこうした組織があるかもしれないが、ない場合でも様々な両立経験がある部下に声をかけ必要に応じてマッチングすることはできるだろう。

2　専門家の支援を活用する

前項ではマネジャーの周囲の人々というインフォーマルな資源の活用を伝えたが、ここでは専門家の支援というフォーマルな資源についてまとめていく。

マネジャーを支援する専門家には、会社が雇用または契約している専門家と自治体や民間が提供している専門家がいるが、ここでは会社が雇用または契約する専門家について考えていく。

産業医や産業保健師の支援

会社が契約するフォーマルな専門家として産業医や産業保健師がいる。

日常的に部下と接しているなかで、大きなミスが増えていることや理由が不明な欠勤や遅刻早退が増えていることの背景に、メンタルヘルスなどの不調が関係していると考えれば産業医や産業保健師への受診を勧めるだろう。ここで、専門的な医療機関への受診が必要か、または疾病に関わる休暇の取得をするべきかなど判断を仰ぐことができる。

産業医は、従業員数が50人以上の会社では1人、3千人を超える会社では2人以上の配置が労働安全衛生法により義務化されている。

産業医の職務は、健康診断及び面接指導の実施、作業環境の維持管理、従業員の健康管理、健康教育、健康相談、衛生教育、健康障がいの原因の調査および再発防止の措置などであり、幅広く従業員と職場の健康管理に関わることとなる。

主としては、病院の医師と同じように疾病が疑われる従業員の診察や診断を行う役目を持つが、病院の医師と違うのは、会社の事情に合わせた休職や時短など働き方の判断ができる点と、社内に同じような症状が複数発症している場合に環境の改善に働きかけることができるという点である。

産業保健師は、従業員の健康改善・維持・促進のための活動を行い、健康で安全な職場作りをすることが職務だ。

具体的には、健康診断結果のデータの整理や分析、従業員の怪我や病気の処置、健康に関わる相談や社内研修などを行う。診察や診断は行わないが、医療的知見から生活や行動面でできる予防的アドバイスをする役割と言える。

　しかし実際のところ、産業医資格を持ち企業の専従産業医として勤務している産業医は全体の0・3％しかおらず、医師としての技術があっても産業医の誰もが会社の事情に精通しマネジメントやキャリア、両立支援などの知識に長けているとは限らない。自社の産業医にどこまで相談できるかは、周囲にヒアリングして把握しておく必要があるだろう。また、産業医と産業保健師の職務に一部重複している内容があり、例えば健康相談や教育は双方が実施できることになっている。産業医が常勤でなく産業保健師の方が時間的制約を受けずに相談しやすい場合もある。一般的には産業医は治療に関わる医療相談、産業保健師は生活全般に関わる医療相談となるが、その境がどこにあるかを見極めておくことも必要となる。

ストレスチェックを活用する

　2015年12月から従業員が50人以上の会社にストレスチェックが義務化された。実際にストレスチェックを受け、その結果を目にした経験があるかもしれない。

ストレスチェックは、年に1回以上、ストレスに関する選択回答の質問票を従業員が記入して、その集計・分析により各自がどのようなストレスの状態にあるかを調べる検査である。運用は会社とは関係ない提携先が実施することが決められているため、会社には結果が通知されず秘密を守ることができる。ただ、高ストレスの結果が出た場合に産業医の面談指導を希望すると、その結果は会社にも伝わることになる。

ストレスチェックは自分のストレス状態を客観的に把握することで、メンタル不調や疾患の予防が期待されている。当初は、実施者の10％程度は出ると見込まれていた高ストレス者だが、実際はそれ以上に出ている企業が多いという。しかし、厚生労働省が2017年7月に発表した実施後はじめての状況報告では、全実施者の0・6％しか産業医の面接指導を受けていないことがわかった。高ストレス者が10％出ているとすると、100人の高ストレス者のうち94人が面談指導を受けていないことになる。

産業医の診断を受けると会社に結果が伝わることに抵抗を感じる人もいるだろう。また、病気の意識を持てずに後回しにしたり、受診そのものを面倒に感じる人もいる。もちろん、高ストレス者と判断されても日常生活に問題なく受診を必要としない人もいるかもしれない。

しかし、ここに課題があると考える。集計・分析方法は、国が推奨する57項目の質問票の「B、状態」を聞く設問に丸をつけた人が高ストレスと診断されやすい仕組みとなっている。図22は国が推奨する57項目の「職業性ストレス簡易調査票」である。設問Bの項目は、最初の3項目を除いては見逃せない状態である。

このなかの複数の項目に「ほとんどいつもあてはまっている」にチェックを入れている場合、それを放っておいていいとは思えない。高ストレス者と判断された人はこれらがいくつもあてはまった状態でいることが予想され、その94%もの人が何も対処されず職場にいるということになる。

10人に1人以上の確率で高ストレス者がいるのであれば、多くのマネジャーの部下にもあてはまる人がいるということになる。この高ストレス者に丁寧に対応することで、メンタルヘルスの予防につながるかもしれない。

ストレスチェックの結果は聞き出すことはできないが、例えばメンタルの不調を感じる部下に「もし高ストレス者の通知が来ていたら」という前提で話をし、何らかの受診や相談、産業医への面談などを促すことはできるだろう。会社に伝えたくなければ、会社を通さない相談窓口や受診先もある。ストレスチェックをいい機会として活

図22 ● 職業性ストレス簡易調査票（1）

A あなたの仕事についてうかがいます。最もあてはまるものに○を付けてください。 （そうだ／まあそうだ／ややちがう／ちがう）

1. 非常にたくさんの仕事をしなければならない
2. 時間内に仕事が処理しきれない
3. 一生懸命働かなければならない
4. かなり注意を集中する必要がある
5. 高度の知識や技術が必要なむずかしい仕事だ
6. 勤務時間中はいつも仕事のことを考えていなければならない
7. からだを大変よく使う仕事だ
8. 自分のペースで仕事ができる
9. 自分で仕事の順番・やり方を決めることができる
10. 職場の仕事の方針に自分の意見を反映できる
11. 自分の技能や知識を仕事で使うことが少ない
12. 私の部署内で意見のくい違いがある
13. 私の部署と他の部署とはうまが合わない
14. 私の職場の雰囲気は友好的である
15. 私の職場の作業環境（騒音、照明、温度、換気など）はよくない
16. 仕事の内容は自分にあっている
17. 働きがいのある仕事だ

B 最近1か月間のあなたの状態についてうかがいます。最もあてはまるものに○を付けてください。
(ほとんどなかった／ときどきあった／しばしばあった／ほとんどいつもあった)

1. 活気がわいてくる
2. 元気がいっぱいだ
3. 生き生きする
4. 怒りを感じる
5. 内心腹立たしい
6. イライラしている
7. ひどく疲れた
8. へとへとだ
9. だるい
10. 気がはりつめている
11. 不安だ
12. 落着かない
13. ゆううつだ
14. 何をするのも面倒だ

（4～14：最初の3項目を除いた設問Bの「状態」）

図22 ● 職業性ストレス簡易調査票（2）

15. 物事に集中できない
16. 気分が晴れない
17. 仕事が手につかない
18. 悲しいと感じる
19. めまいがする
20. 体のふしぶしが痛む
21. 頭が重かったり頭痛がする
22. 首筋や肩がこる
23. 腰が痛い
24. 目が疲れる
25. 動悸や息切れがする
26. 胃腸の具合が悪い
27. 食欲がない
28. 便秘や下痢をする
29. よく眠れない

最初の3項目を除いた設問Bの「状態」

C あなたの周りの方々についてうかがいます。最もあてはまるものに○を付けてください。 （非常に／かなり／多少／全くない）

次の人たちはどのくらい気軽に話ができますか？

1. 上司
2. 職場の同僚
3. 配偶者、家族、友人等

あなたが困った時、次の人たちはどのくらい頼りになりますか？

4. 上司
5. 職場の同僚
6. 配偶者、家族、友人等

あなたの個人的な問題を相談したら、次の人たちはどのくらいきいてくれますか？

7. 上司
8. 職場の同僚
9. 配偶者、家族、友人等

D 満足度について （満足／まあ満足／やや不満足／不満足）

1. 仕事に満足だ
2. 家庭生活に満足だ

出所：職業性ストレス簡易調査票（57 項目）厚生労働省

用したいものだ。

その他の専門家支援

会社によっては、産業カウンセラーの相談窓口を設けているところがある。

産業カウンセラーは、メンタルヘルス対策への支援、職場における人間関係開発への支援、キャリア開発への支援が主な相談領域となる。一般社団法人日本産業カウンセラー協会によると、産業カウンセラーの資格取得人数は2015年度で6万1373人となっている。

それ以外にも、メンタルヘルスの不調を感じた場合の相談先として会社が契約している外部相談窓口などがある。こうした窓口は、不調を感じる部下に相談を受けるように促す方法と、部下への接し方についてマネジャー自身がアドバイスしてもらう方法がある。時間が許されるなら複数の窓口に聞いて情報収集するのもいいだろう。

また、厚生労働省は、がんなどの病気を治療しながら仕事をする人を支援する「両立支援コーディネーター」を2020年までに2千人養成することを発表している。

両立支援コーディネーターは、医療や心理学、労働関係法令の知識を身につけ、患者を中心に医療機関と職場との間で情報を提供し、仲介・調整の役割を担う。現在は「がん」「糖尿病」「脳卒中リハビリテーション」「メンタルヘルス」の4分野でのマニュアルの作成を目指している。

障がい者の雇用に特化して考えると、マネジャーの身近な支援としてジョブコーチの活用がある。ジョブコーチは、障がい者が円滑に職場に適応できるよう支援を行うために職場に出向く専門家であり、仕事の手順を覚えることやミスをなくすこと、適切なコミュニケーションを取るようにするなどを個別支援計画に基づいて具体的に指導する。一般的には3カ月ほどで計画した内容ができるようになることが多い。他にも障がい者雇用の支援先は様々にあるが、部署に配属されてから順応などに問題を感じた場合は、ジョブコーチによるマンツーマンの指導が有効になる。

2016年4月に「障害者の雇用の促進等に関する法律」が改正された。

この改正では雇用による障がい者差別の禁止や合理的配慮の提供義務などとともに、相談体制の整備が盛り込まれた。事業の規模にかかわらず全ての事業主を対象に、障がい者からの相談を受ける体制の整備が義務付けられている。部下の障がい者が何か相談したい問題を抱えた場合は、こうした窓口も活用できる。

両立支援の様々なサービス

部下のメンタルヘルスの不調や障がい者の支援以外にも、育児や介護などと仕事との両立を支援する相談窓口も拡充されてきている。育児の支援には社内に専用相談窓口を設置している場合も多い。保活コンシェルジュと呼ばれる保育園探しを中心に支援するサービス、病児保育のサービス、ベビーシッターや家事代行など一部会社が費用を負担するサービスもあるだろう。

また、妊娠した部下を持つマネジャーを直接的に支援するサービスがある。株式会社リクルートホールディングスが提供している「カムバ！」は、妊娠が判明してから育休までの働く女性をサポートしているアプリだが、同時に提供している「カムバ！ボス版」というサービスがある。これは、妊娠した部下を持つマネジャーを支援することを目的としたメールマガジンで、利用は無料だ。最初の設定で部下の出産予定日を入れると、月に2回、部下の妊娠週数に合わせて、産休や育休に向かって仕事上で準備することや、体調の変化、声掛けの方法などのアドバイスが届くため、部下の様子を配慮しながら今後について考えていくことができる。

実はこのようにマネジャーの周りには使える資源がたくさんある。多くの支援先を知っていくことが、マネジャーの負担軽減につながっていくと考える。

3 産業ソーシャルワーカーの支援

会社が取り入れている産業医やジョブコーチ、外部相談窓口などの専門家は、部下の抱える問題が顕在化しているときに役に立つ。

しかし、産業医や産業保健師は医療の専門家であり、例えば子どもが学校でいじめられ不登校になっている場合には対応の範疇ではなくなる。ジョブコーチは、当然のことながら障がい者が雇用され職場への順応が必要な場合に活用される。また、会社が提携する外部相談窓口も、メンタルヘルスの不調が散見したりハラスメントの問題が露呈するなどの問題が見えたときに利用する。

つまり、これらの専門家は問題の分野がはっきりしたときに相談する先となる。

問題は幅広く複合的

これまで第6章を中心に述べたように、部下が抱える問題は仕事からプライベートまで幅が広く複合的だ。本人すら解決すべき問題が何かがわからなくなっていることもある。

例えば親の介護が必要となった部下は、介護のことだけではなく生活全般の問題を持つ。

介護を抱えることで、親子や兄弟、夫婦間での役割分担で揉めることがある。また、費用の負担や介護疲れによる体調不良、仕事への影響、職場の人間関係など広範囲の問題が山積していき「介護問題なら介護の専門家に」という単純な図式にならないことが多い。

事例20

営業事務をしている40代の女性が、最近増えた仕事のミスを減らすにはどうしたらいいかと相談してきた。しかし、話を聞いていくうちに夕方になると偏頭痛がひどいと言う。極端な睡眠不足が続いており体調が悪いようだ。その原因は子どものように大事にしているペットの猫が病気で、夜中も看病が必要だったことがわかった。しかも、職場は忙しく、子どもが熱を出しても休めないような雰囲気があった。今後、ペットの病状が進行しても休めないのではないかと不安に感じていたのである。

事例20の女性は様々な問題が複合している。最初の相談こそ「仕事のミスをなくす方法」であるが、それを回答しても根本的な解決には至らない。山積している課題は「夕方の偏頭痛」「極端な睡眠不足」「体調不良」「ペットの猫の病気」「猫の看病」「休めない職場への対応」など多岐にわたり、これを医療の専門家やペットの専門家が相談を受けても一度に解決できずに、分野外のことは別で相談してくださいと言われることになるだろう。

実際にはこうした複合的な相談は多く、本人も何が悩みかわからず辛い状態にいる。人は悩んでいるときは考えが整理整頓できないものだ。

ここで、あらゆる分野の相談を受け、複雑に絡み合った問題を紐解き優先順位をつけて一つひとつ解決していく専門家が必要となる。

産業ソーシャルワーカー

日本で産業ソーシャルワーカーの活動がはじまっている。
欧米ではインダストリアル・ソーシャルワーカー（Industrial Social Worker）としてすでに社会的な存在となっているが、日本では歴史が浅くスタートしたばかりである。

産業ソーシャルワーカーは、働いている人々がワークライフに関わる様々な課題を抱えていくなかで、分野を限定せず幅広い相談に応じる。マネジャーを支援する役割を担い、マネジャーからの直接の相談と、マネジャーに代わり部下からの相談の両方を受ける専門家である。

カウンセラーとの違い

第9章2節で説明している通り、すでに企業では産業カウンセラーが活動している。この産業カウンセラーと産業ソーシャルワーカーとの違いがわかりにくいかもしれない。

一億総活躍の推進により、全国の小中学校にスクールソーシャルワーカーが配置さ

図23 ● 産業ソーシャルワーカーの定義

産業ソーシャルワーカーは、働く個人が抱える多様で複雑な問題に向き合い、関係者と連携しながら解決に導いていくことでトラブルを未然に防ぎ、一人ひとりの仕事と生活の調和を実現し、企業の生産性向上に寄与する専門家です。

言葉の意味	働く個人	雇用されている人に限らず、経営者や自営業も含めた全ての働く人を対象とする。産業ソーシャルワーカーは働く個人への支援を主体とする。
	多様で複雑	個人が抱える悩みはプライベートから仕事まで幅広く、幾つもの要因が複雑に絡み合っている。表出している悩みが必ずしも本質的な問題とは限らない。
	問題	働く個人が抱える問題はプライベートの問題だけでなく仕事のことも含まれる。例えば、病気やストレス、育児や介護の問題、金銭問題、公私における人間関係、職業キャリアに関することなどを指す。
	向き合う	困難を抱えて働く個人に寄り添うとともに、困難を解決する道を日常的に研究し続ける。
	関係者	産業ソーシャルワーカー相互および産業医等の関係する専門職に加え、企業内の経営者、管理職、人事を含む。
	連携	関係者間の話し合いや必要に応じた専門性の高い分野への接続を通じ、相乗効果による質の高い対応を可能とする。
	解決	話を聞くだけでなく、問題を軽減していくための方法を提示し考え方や行動の変容につなげていく。
	トラブルを未然に防ぐ	早期からの介入により、メンタル疾患発症や離職、事件事故などのトラブルへの予防効果を高める。
	仕事と生活の調和	いわゆるワーク・ライフ・バランス。やりがいや充実感を持ち仕事上の責任を果たしながら個人の時間を持てる健康で豊かな生活を指す。
	企業の生産性向上に寄与	産業ソーシャルワーカーは経済的命題を持つ。働く個人の困難解決には企業のコミットが不可欠であり、生産性向上に貢献することで企業と契約し個人への支援をする。

出所：「産業ソーシャルワーカーの定義」2017　産業ソーシャルワーカー協会
http://www.jiswa.org

れはじめている。以前から配置されているスクールカウンセラーに加えて、スクールソーシャルワーカーが配置されたのは、両者の担う役割が違うからに他ならないのだが、その違いを「カウンセラー」と「ソーシャルワーカー」の機能から見てみる。

まず、カウンセラーは相談者の「心」に向かう。傾聴により、本人の考えや気持ちを引き出し問題解決への気づきを促していくため、心の問題を抱えている場合はカウンセリングにより考えの歪みなどを修正していくことが必要となる。

一方、ソーシャルワーカーは相談者を取り巻く「社会」に向かう。問題の本質をつかみ、必要に応じて制度やサービス、施設などの情報につなげて解決していく。適切な情報を得ることで解決する場合は、ソーシャルワークが効果を発揮すると言える。

実際、ワークライフにおいて人々が抱える問題は、心のありようを変えるだけでは解決しないものが多い。例えば保育園が見つからずに悩んでいたり、親の介護で疲れて休息を必要としているときは社会の中の適切なサービスにつなげていくことが解決の近道になる。

産業ソーシャルワーカー協会

産業ソーシャルワーカーは解決を図るための5つの基本技能を持っている。それは、相談しやすい状況を作る「アクセプト」、問題を構造化する「アセスメント」、意欲と勇気を与える「モチベート」、解決可能な視野を提供する「リフレーミング」、解決できる人や組織とつなぐ「ネットワーキング」であり、これらを使いながら、相談者に寄り添い具体的な解決策を提示していくのである。

働き方改革が推進されてゆくのに従い、個々が抱える課題も多様化していく。今後は、マネジャーだけでは対応しきれない問題に対応する、産業ソーシャルワーカーの養成が急務と考えている。こうした背景をもとに、2017年3月、「一般社団法人産業ソーシャルワーカー協会」を設立した。

ワークライフのすべての相談を受けるためには、マネジメントや産業動向、人事、労務、育児、介護、家族問題、健康など幅広い知識と、相談を受ける技能が必要である。ここでは、それらを習得した専門家を育成するとともに、マネジャーや人事担当者への学習機会も提供している。

部下の問題が見えたときは身近にいるマネジャーがいちばんの支援者になる。

まずは、自分の範疇として部下の問題に取り組みながら、マネジャー自身が抱えきれないときは外部専門家の支援を得るという方法もある。

4　マネジャー適性を知る

働き方改革によりマネジメントでの様々な変化が求められる。しかし、マネジャーの基本的な使命は、部署の成果を上げることであり、部下を育てることである。もし、人を育てることに価値や面白さを見出せないのだとしたら、マネジャーの立場は辛いものになってしまうだろう。その時の対処法を考えていくことも自分を守ることになる。

感情労働

人間関係の真ん中にいて人を育てていくのがマネジャーだ。

しかし、この人間関係がいちばんのストレスの原因となる。その際の対処は、ストレスを軽減する方法を身につけることと、マネジャーという仕事の適性を見つめ直すことであろう。

営業職が営業の専門職であり、経理職が経理の専門職であるとしたら、マネジャーは人を支援する専門職と言える。一般的に人を支援する専門職はヒューマンサービス従事者と呼ばれ、客室乗務員（CA）や教師、医療や福祉の現場職員などを指し、無形のサービスを目の前の相手に提供することが職務となる。

ヒューマンサービス従事者の仕事は「感情労働」とも言われる。米国の社会学者A・R・ホックシールドにより提唱された概念だ。

感情労働は、頭脳労働や肉体労働と区別して語られ、相手に快適や安心の気持ちを持たせるために自分の感情を大袈裟に表現したり抑圧したりする労働である。感情労働を担う人は、自分の気持ちを相手に合わせることが多いため、頭脳や肉体よりも感情面への負担がかかりやすくなる。

マネジャーも、プレイヤーとしての顧客対応と部下マネジメントという「無形の成果を提供する」という点ではヒューマンサービス提供者であり、部下や上司や顧客などに多方面に気を遣うことが求められる感情労働者とも言える。少なくともそのように考えることで、マネジャーの置かれている大変さへの理解が進むだろう。

バーンアウト

近年、感情労働者がストレスを抱えすぎることによる「バーンアウト」が問題視されている。バーンアウトは燃え尽き症候群とも言われ、精力的に仕事をこなしていた人がある日突然に極度の疲労と感情の喪失を見せる状態だ。

バーンアウト研究で著名な同志社大学の久保真人教授は「感情労働」のバーンアウトの予防として、「突き放した関心」が必要だと指摘している（「バーンアウト（燃え尽き症候群）」　２００７年　日本労働研究雑誌５５８号）。

部下を思いやる心や誠実に向かおうとする姿勢は大事だが、思い入れが強すぎると同じような体験や重荷を抱えたような気持ちになる。また深入りし過ぎることにより、思わぬ非難や攻撃を受ける可能性も出てくる。

それを避けるためには、もうひとりの人格を持つことである。

相手に向かっているのは本来の自分ではなく「職務上付与されている自分」が対応していると考える。そのうえで「温かな気持ちで共感する自分」と「冷静に状況分析する自分」という正反対のふたりの自分を矛盾なく両立させていく。これを「突き放した関心」と言い、部下との交流を進めながら心身の消耗を避ける方法となる。

専門職への道

マネジャーのなかには、将来プレイヤーに戻りたいという人もいるだろう。上場企業の課長のうち、14・9%は、今の立場から将来的にプレイヤーに戻りたいと考えており、全ての人が部長などの上のポストを目指しているわけではない（産業能率大学第3回上場企業の課長に関する実態調査）。

もしマネジメント適性がなくマネジメントが辛いと感じるならば、マネジャーを降りて、専門職などの別の道を選択する方法を考えてはどうだろうか。この20年で、管理職のポストは減少し、1992年には40歳から59歳のうち管理職は59・7%いたが、2012年には42・5%まで減っている（賃金構造基本統計調査　厚生労働省）。企業は全ての社員にマネジャーを担ってもらいたいとは思わず、むしろ専門職としてのキャリアパスを広げたいと思っているのだ。

マネジメントに適性がある人も、リーダーシップに適性がある人もいる。専門職として当該分野の専門スキルを活かしてリーダーシップを発揮していくのもひとつの道だろう。あるいは、部長職などの上級管理職になって、マネジメントの得意な課長を部下に迎えてサポートさせる方法もある。

ただし、早まった選択はしない方が良い。単にスキルをまだ身につけていないだけかもしれないからだ。はじめからマネジメントができる人はいないのであり、誰もが試行錯誤しながら覚えていくものなのだ。

多様な才能を持った部下を育てながら業績を上げていくという役割は、とてもやりがいのある仕事だ。働き方改革はもちろん、今後展開される企業戦略もマネジャーの腕にかかっていると言える。

じっくりと向き合ってみてほしい。それでも向かないと思ったときには、いくつもの別の道があるのだから。

終わりに——インクルージョン・マネジメントと老荘思想

働き方改革を完成させるのはインクルージョン・マネジメントだ。マネジメントは確実に、個人を活かす方向へと向かっている。そのために必これからの組織は、価値観の異なる多様な人にどう向き合うかにより成果に差が出てくる。そのために必要な手法をここまで解説してきたのだが、最後にインクルージョンの思想について書き加えたい。

今後、マネジャーは2つの価値観の狭間に立たされる可能性がある。

それは、「全体と個人」をはじめ「活躍と停滞」「競争と協調」「管理と自律」「量の拡大と質の進化」など相対的な価値観である。

しかし、こうした相対的な価値観を持つことは悪いことではなく、むしろ片方だけの価値観しかないことに問題があるのかもしれない。

中国古代の老荘思想に、すべてのものは陰と陽で成り立つという「陰陽論」があるが、陰と陽は相反しつつも一方がなければもう一方は存在せず、双方の存在と調和が必要とされる。2つの価値観を同時に考えていくことは、組織のバランスを保つ上でも重要ではないだろうか。

老荘思想は魏晋南北朝時代の老子と荘子の思想を合わせた学説だ。南方中国の個人主義的傾向を反映した東洋の代表的思想でもある。

老荘思想研究者の田口佳史氏は、「イーズ未来共創フォーラム（2015）」のインタビューで、「老荘思想の陰陽論は、一輪車ではなくて二輪車だから安定感があり一方が進めば進むほども う片方の重みが必要となる」と言っている。

また、陰陽は陰のなかに陰陰、陰陽があり、さらに陰々陽、陰陽々など実は64ものパターンに分類されるほど多様性に富み、古代の中国人は「多様なのがこの世」と認識していたという（「人事の哲学」人事専門誌『Works』112号　リクルートワークス研究所）。

相反している価値観のバランスを取るということは、互いの価値観を争うのではなく相互で認め合い補完することを指す。どちらも否定できない2つの価値観の調和を考えるという点では、インクルージョンの考えそのものである。

他に荘子が説く「両行」という考えがある。唯一・絶対的な価値を信じるのではなく様々な思想や価値観を認め、いずれの存在があることも当然とする考えだ。これも多様性を認めるということに他ならない。

「天下皆美の美」は老子の言葉であり、目の前の一人ひとりの個性を発見することが大事だと説いている。「柔弱で生まれ堅強で死する」も老子の言葉であるが、柔軟に挑戦する姿はエネルギーに満ち先例に固執する堅い発想は死を迎えるという意味だ。変化対応への能力が尊ばれていたことがわかる。

また、「無用の用」という言葉を聞いたことがあるかもしれない。荘子外伝第二十六では、ただ立っているだけなら広大な大地は必要ないのだが、だからといって無用なのかと問いかけている。自分が歩いている場所以外の大地も当然必要であり、役に立つか立たないかの判断は今がどうかということより長い目で論じないといけないと言う。これは、インクルージョン・マネジメントの「どのような部下にも能力があり、誰も見切らず能力を発揮させていく」という考えに通じるのではないだろうか。

さらに一般的に使われる「大同小異」も荘子の言葉だ。自分の持つ視点により見え方は違うという教えである。視点を変えれば、部下の両立支援はマネジメントを変革するチャンスでもある。両立支援では、ひとりが抜けた分を他のメンバーで補完するためにメンバーの能力をどのように伸ばしていくかを徹底的に考えることになる。これが少しでもできたとしたら、そのメンバーが戻ってきたときにはより一層成果が上がる仕組みができる。

魏晋南北朝時代というと日本でいう古墳時代である。老荘思想により、この時代からインクルージョンの考えが受け入れられていたことがうかがえる。

老子は道教の始祖と言われている。道教は英語でタオイズム（taoism）と呼ばれており、タオとは「道」を指すが、この道とは一般的な「通路」というよりも「常に移り変わる万物変転の摂理」を言う。

老荘思想と道教は日本の茶道の根底となる。『茶の本』で岡倉天心はタオを「新しい姿を生み出していく永遠の成長」と説明している。『茶の本』は茶道の精神を欧米に伝えるために、明治時代に英文で書かれた（『新訳茶の本』岡倉天心著　大久保喬樹訳　角川ソフィア文庫）。

今は頑張って精一杯仕事ができていても親の介護や自身の病気などがいつ起こるか分からないことも、移り変わる「タオ」のひとつかもしれない。

老荘思想に倣えば、物ごとは絶えず変化しており、それに沿っていくことが大事だ。長い職業人生のなかで何らかの問題を抱えたときには、周囲の支援を呼びかければいい。そして、自分が問題を抱えていないときに周囲を支える立場にまわる。ここにはマネジャーも含まれ、部下を支えるだけでなく、部下から支えられたりもしながら互助の信頼関係を築いていくのだ。

皆がこのシステムを用いて最大限に能力を伸ばして共振する組織は、互いが支え合うのみならず「永遠の成長」という持続可能な未来をつくるのである。

異動や転勤などがあり、今の部下との関係が永遠に続くわけではない。だからこそ目の前の部下に対して、掛け替えのない存在として向き合ってみてはどうだろうか。縁あって同じ部署に集まった人たちが、幸せに仕事をするためにマネジャーができることはたくさんある。

岡倉天心はお茶の世界観を「一椀にあふれる人間性（The Cup of Humanity）」と例えた。一椀とは大事な世界を指すが、それはマネジャーにとっては自分の部署と言えるだろう。

一椀の中にマネジャーの人間性を注ぎ込んでほしいと願う。

文庫版あとがき

本書は、2017年に出版した『働き方改革 個を活かすマネジメント』を『一人ひとりを幸せにする 支援と配慮のマネジメント』に改題し、新たに文庫化したものである。これまで皆様に読み継いでいただいたことで版を重ね、こうして文庫化まで至ったことに深く感謝している。

タイトルにある「支援と配慮のマネジメント」は、「個を活かす」ことが大前提だ。ただ、その認識が広まったことでマネジャーの悩みを深めているとも感じる。本書を読み継いでいただけているのは、この悩みへのヒントを探したいと思うマネジャーが常に一定数いるからではないだろうか。

また、私が日々受けている個別相談にも、それぞれに違う問題を抱える部下にどう対応すればいいかという個を活かす悩みが非常に多い。

具体的には、年上部下が新しい技術を覚えようとしない、中堅なのに仕事のミスが多い、キャリアが浅い部下が周囲に尊大な態度を取る、活躍を期待しているのに違う部署への異動を希望した、慢性疾患やメンタル不調、プライベートの制約に関わる対応など、実に幅広い。

さらに、コロナ禍によりリモートワークやオンライン会議が増え、働くスタイルが変化したことも部下の様子を掴みにくくしている。年齢、性別、国籍だけではない、部下の多様性に関わる新たな問題が次々に生まれているのである。

この多様性は、ニューロ（＝神経）の分野にも広がっている。

特に発達障がいにおいて生じる神経的な現象を、能力の欠如や優劣ではなく「人間のゲノムの自然で正常な変異」として捉える考え方で、ニューロダイバーシティと呼ばれている（「イノベーション創出加速のためのデジタル分野における『ニューロダイバーシティ』の取組可能性に関する調査」2022年3月経済産業省）。

こうした流れとともに、私は「職場における発達障がいグレーゾーン」をテーマにした研修会を行う機会が増えている。

発達障がいはスペクトラム（＝連続性）が特徴の一つだ。

障がい者から定型発達の人まで、発達障がいの特性を連続的に持ち合わせており、その中間部分にグレーゾーンの人々がいる。グレーゾーンは障がい者ではないが、コミュニケーションが苦手、こだわりが強すぎる、衝動性が高すぎるなど発達障がい特性の一部が表出し周囲と衝突してしまう。職場の10人に1人はグレーゾーンとも言われているほどだ。周囲の人々も対応に困惑している場合が多いが、ここで重要になるのがマネジャーの采配だ。

本書では、第7章「3．職場の困った部下」（254ページ）でこの問題に触れている。

2017年の単行本刊行時から、いずれもっと大きくこの問題が表出するのではないかという思いがあった。ここの4つの事例の根底には、発達障がいグレーゾーンの特性が影響している可能性が高く、対応への知識を得る手助けになるだろう。

また、第8章「4．障がい者の部下【基礎知識】」（301ページ）「5．障がい者の部下【精神障がいと発達障がい】」（309ページ）もグレーゾーン対応への手がかりとなるかもしれない。前述したようにグレーゾーンは障がい者ではないが、スペクトラムとしてその特性の一部を持っているためだ。特に「5．障がい者の部下【精神障がいと発達障がい】」の発達障がいについての項（313〜317ページ）は、問題解決の具体策として活用できるのではないかと思う。

さらに私は、2019年に職場のグレーゾーンに関する研究会を発足した。研究結果をまとめた「職場における発達障害グレーゾーン研究会報告書」では、職場にありがちな問題に対してマネジャー、人事、当事者に分けた具体的なアドバイスをしている。報告書は検索すると誰もが無料でダウンロードできるので必要な場合は活用してほしい。

経験からの学習だけでは限界がある。多くの事例に触れることは、多様な部下の問題に対応する力を育む早道と考える。

今後も、本書の内容が悩めるマネジャーへのエールとなれたら幸いである。

2023年4月　皆月みゆき

本書は、２０１７年11月に日本経済新聞出版社から発行した『働き方改革　個を活かすマネジメント』を改題のうえ、文庫化したものです。

nbb
日経ビジネス人文庫

一人《ひとり》ひとりを幸《しあわ》せにする
支援《しえん》と配慮《はいりょ》のマネジメント

2023年6月1日 第1刷発行

著者
大久保幸夫
おおくぼ・ゆきお
皆月みゆき
みなつき・みゆき

発行者
國分正哉

発行
株式会社日経BP
日本経済新聞出版

発売
株式会社日経BPマーケティング
〒105-8308 東京都港区虎ノ門4-3-12

ブックデザイン
鈴木成一デザイン室
ニマユマ

本文DTP
マーリンクレイン

印刷・製本
中央精版印刷

Printed in Japan ISBN978-4-296-11838-0